四特 教育系列丛书 SITE JIAOYUXILIECONGSHU

悸动的心灵

《"四特"教育系列丛书》编委会　编著

吉林出版集团股份有限公司
全国百佳图书出版单位

图书在版编目 (CIP) 数据

悸动的心灵／《"四特"教育系列丛书》编委会编著 .
—长春：吉林出版集团股份有限公司，2012.4
（"四特"教育系列丛书／庄文中等主编 . 在故事中升华经典）

ISBN 978-7-5463-8670-6

Ⅰ . ①悸… Ⅱ . ①四… Ⅲ . ①中小学教育－通俗读物
Ⅳ . ① G63-49

中国版本图书馆 CIP 数据核字（2012）第 044123 号

悸动的心灵

JIDONG DE XINLING

出 版 人	吴　强	
责任编辑	朱子玉　杨　帆	
开　　本	690mm×960mm　1/16	
字　　数	250 千字	
印　　张	13	
版　　次	2012 年 4 月第 1 版	
印　　次	2023 年 2 月第 3 次印刷	

出　　版	吉林出版集团股份有限公司	
发　　行	吉林音像出版社有限责任公司	
地　　址	长春市南关区福祉大路 5788 号	
电　　话	0431-81629667	
印　　刷	三河市燕春印务有限公司	

ISBN 978-7-5463-8670-6　　　　　定价：39.80 元

前　言

　　学校教育是个人一生中所受教育最重要组成部分,个人在学校里接受计划性的指导,系统地学习文化知识、社会规范、道德准则和价值观念。学校教育从某种意义上讲,决定着个人社会化的水平和性质,是个体社会化的重要基地。知识经济时代要求社会尊师重教,学校教育越来越受重视,在社会中起到举足轻重的作用。

　　“四特教育系列丛书”以“特定对象、特别对待、特殊方法、特例分析”为宗旨,立足学校教育与管理,理论结合实践,集多位教育界专家、学者以及一线校长、老师们的教育成果与经验于一体,围绕困扰学校、领导、教师、学生的教育难题,集思广益,多方借鉴,力求全面彻底解决。

　　本辑为“四特教育系列丛书”之《在故事中升华经典》。

　　这是一部写给老师的书,因为故事中蕴含着慈爱、和谐、人性的教育方式;这也是一部写给学生的书,因为故事中洒满老师们对学生的温暖、感动、爱意、执着、顽强与刚毅……

　　教育是一门科学,也是一门艺术,是塑造人心智的高超艺术。对于教育人人都有自己的看法,而这本书中的观点能给人以许多启示。本书还汇集了众多著名教育学家、知名教师的经典教育文论,共同领略著名专家学术研究风范,引领我们进入教改理论与实践前沿,分享最新研究成果,把握创新教学理念脉搏,感悟前瞻性的教学思想。

　　教育,润物无声,是一种智慧、一种境界、一种追求。教育的这种智慧,这种境界,这种追求,虽然无声无形,但却有踪迹可寻。在教育实践中,那一个个平凡却并不平淡的片段,或呈现出教师解决问题的教育智慧;或记录着教师走出困惑的教学经历;或展现出教师奉献爱心的热忱。回顾那一个又一个生动的教育实践,既是一个沉淀的过程,也是一个升华的过程。

　　本辑共20分册,具体内容如下:

　　1.《师生情难忘》

　　如果我们的人生有一段华美的乐章,那一定来自老师教给我们的7个音符!一天天,一年年,我们在校园里茁壮成长。从懵懂孩童到青春飞扬,然后进入社会大舞台搏击人生。老师谆谆教诲的深情,是我们前行的灯火,给我们温暖、力量和信念……本书选录了100篇发生在师生之间的真情故事。这些平凡而真切的故事,让我们感动,让我们沉思,让我们回忆,让我们心怀敬意和感激……

　　2.《记忆深处》

　　翩翩红叶,徐徐飘落,总不忘留给土地柔软与肥沃;涓涓泉水,潺潺流淌,总不忘带给岸边甘甜与欢歌。享受“师生”情,奉献真诚心!让我们把握这份情,让心灵浸润在肥沃的土壤,开出绚烂的花朵;让我们紧守这份爱,让生命谱写圣洁的乐曲,唱出青春的赞歌。

在坎坷的人生道路上,是谁为我们点燃了一盏最明亮的灯;在荆棘的人生旅途中,是谁甘做引路人为我们指明前进的方向……是您,老师,把雨露洒遍大地,把幼苗辛勤哺育！无论记忆多么久远,每当想起老师,依然激情难耐;每当面对熟悉的老师,那一瞬间,那一件小事……总是激起我们对老师久蓄于心的感激……

3.《成长足迹》

这是发生在校园里的平凡而又感人至深的师生故事。因为爱,所以在教育的天空下,才会发生这么多感人的故事,这些也是对教育生命的审问、感怀和确认。这是一部写给老师的书,因为故事中蕴含着慈爱、和谐、人性的教育方式;这也是一部写给学生的书,因为故事中洒满老师们对学生的温暖、感动、爱意、执着、顽强与刚毅……

4.《悸动的心灵》

追忆往事并不是轻而易举的事情,在漫长的教育生涯中发现自己最难忘的某一个瞬间,其实也就像重新获得一种生存的意义一样美妙。这些教育故事也许并不是教育的解决之道,但却是对教育生命的审问、感怀和确认。也许我们更应该在教育中活出自己,也许我们既活在未来更活在无限的过去,在这些纷繁复杂却又素朴平凡的场景中,有最乐意的付出,有泪水和智慧,更有日日夜夜用心抒写因而温润无比的爱。

5.《春暖花开》

教育是一门科学,更是一门艺术。执著并献身于教育,不仅需要大步向前,也需要回头反思。回顾那一个又一个生动的教育实践,既是一个沉淀的过程,也是一个升华的过程。走进本书,这里全是暖暖的爱。

6.《孩子的微笑》

教育,润物无声,是一种智慧、一种境界、一种追求。教育的这种智慧,这种境界,这种追求,虽然无声无形,但却有踪迹可寻。在教育实践中,那一个个平凡却并不平淡的片段,或呈现出教师解决问题的教育智慧;或记录着教师走出困惑的教学经历;或展现出教师奉献爱心的热忱。

7.《故事里的教育智慧》

本书主要关注家庭教育、学校教育及社会教育中家长与孩子、教师与孩子、孩子与孩子之间的故事,它的特色是小故事蕴含大道理。其宗旨是:讲述真实的教育故事,研究深切的教育问题,创生新锐的教育思想,激活精彩的教育行动。其风格是:直面真实,创新为本和故事体裁。

8.《难忘的教育经典故事》

根据家长、教师和孩子的困惑,用各种形式的教育故事讲述一些很明白的道理,引导人用智慧的手段促进人的成长。这些故事或来自国外的或来自一线教学的实践,对于教育类人群均具有启发性。一个个使教师深思的小故事,一个个让学生向善的小故事,让我们教师真正领会生命教育的内涵。从现在开始关注生命的成长,关注人类的发展,关注社会的进步。

9.《中国教育名家印记》

在人类文明的进程中,数不清的教育大家,手擎着大旗,浓书着历史,描绘着蓝图,才有了今日教育的巨大进步。他们站在教育的殿堂里,发出的宏音,留下的足印,历史永远都不应该忘记,也不会忘记。

本书编者放眼中国教育进程,遴选出对教育产生重大影响的国内近百位教育名家,对其生平、教育思想、学术成果等进行介绍评说。

10.《外国教育名家小传》

在人类文明的进程中,数不清的教育大家,手擎着大旗,浓书着历史,描绘着蓝图,才有了今日教育的巨大进步。他们站在教育的殿堂里,发出的宏音,留下的足印,历史永远都不应该忘记,也不会忘记。

本书编者放眼人类教育进程,遴选出对教育产生重大影响的近百位世界教育名家,对其生平、教育思想、学术成果等进行介绍评说。

11.《随手写教育》

什么是良好的教育?教育是诗性的事业?性教育何去何从?是否应该把儿童世界还给儿童?假设陈景润晚生40年……本书汇聚了中国最佳教育随笔,对于和教育相关的各个方面问题都有所畅谈,对于教育者和被教育者来说都有所裨益。

12.《我心思教育》

本书涉及到了教育学众多的重要领域和主题,包括教育的真义、教育的价值、教育与社会、教育与生活、课程与教学、道德教育、师生关系、教师的学习与成长等等。它力图用感性的文字表达理性的思考,用诗意的语言描绘多彩的教育世界,以真挚的情感讴歌人类之爱,以满腔的热情高扬教育的理想与信念。

13.《教育新思维》

本书站在教育思想的前沿,以既解放思想又科学审慎的态度,兼用独特的视角,论述了近年的教育理论新说,涉及"教育呼唤'以人为本'"、"公民教育"、"素质教育新解读"、"教育公平与政府责任"、"创新人才培养"、"文化传承与创新"、"教育家办学"等热门话题。这些文章,不避偏,不畏难,遵循教育发展规律和中小学生身心发展规律,引领教育理念和教育实践,反思教育行为误区,无不闪烁着思想和智慧的光芒。对于渴望提升自身理论素养的教育工作者来说,这本书值得一读。

14.《名家名师谈教育》

本书使读者在学习和掌握教育理论的同时,领略到文章的理趣、情趣和文趣,既有助于深厚教师的文化底蕴,又有助于帮助广大教师确立对于教育的理想与信念;既有助于培养和激发广大实践工作者的理论兴趣,又能帮助教师生成教育的智慧和提升广大读者对于生活的热爱与柔情。

15.《世界眼光看教育》

本书荟萃了多位世界级教育思想巨擘的主要思想。从皮亚杰的发生认识论、维果茨基的文化—历史理论、布鲁纳的结构主义,加德纳的多元智能一直到诺丁斯的关怀教育思想等等,现当代世界教育思想的发展脉络清晰、准确而完整。

本书既有思想评介,又有论著摘录,无论教育研究人员还是一线教育工作者,均可非常便捷而精准地从中获得思想大师们的生动启迪，加深对当代教育发展特质的深切理解，是教育、教研、教学工作者不可多得的必备工具书。

16.《大师眼中的教育》

这不是一本以教育专家的身份、眼光、学养来谈教育的书。本书各篇文章提供了许多新史实、新观点，为我国教育史和教育理论工作者长期以来对某些历史人物评价的思维定势提供了新的清醒剂。

17.《教育箴言》

名人名言是前人留给我们的精神财富和智慧结晶。阅读它，不仅能丰富知识，陶冶情操，更能为我们的人生之路指引方向。该书着重论述三方面的内容：教育——造福人类的千秋伟业；教师——人类灵魂工程师、育人的典范；师德——塑造教师灵魂的法宝。

18.《百家教育讲坛》

这是一本兼具思想性、可读性和经典价值的教育智慧读本。书中介绍了孔子、卢梭、爱因斯坦、康德、梁启超、杜威、蔡元培、叶圣陶等几十位古今中外思想家、科学家、教育家关于教育的精彩论述，集中回答了教育的本质、教学的艺术、知识之美、教师的职业生活、儿童的成长等问题。探幽析微，居高声远，让我们直窥教育本原之堂奥。归真返璞，正本清源，你会发现，教育，原来可以如此朴素而美好。

19.《名师真经》

本书从专家心理学研究出发，以新教师到专家教师这一成长过程为线索，剖析了教师在专业化发展中出现的主要问题与阶段性特征，动态性是展现了教师成长的内在原因与实质，并有针对性地提出了促进新教师成为专家教师的系列化教学理念、观点与方法，这有助于教育研究者与实践工作者深入理解教师专业发展的规律，有利于在观念层面上树立科学的教师人才观，以制定行之有效的教师培养方法与措施。

20.《师道尊严》

本书意在激励教师以站着的方式获得成功。全书讲述了站着成长的精神、站着成长的思想、站着成长的基础、站着成长的学问和站着成长的行动。全书力求字字诉说教师成长之心声，篇篇探寻教师优秀之根本，章章开启教师幸福之道路。

由于时间、经验的关系，本书在编写等方面，必定存在不足和错误之处，衷心希望各界读者、一线教师及教育界人士批评指正。

编者

C 目 录
ONTENTS

1

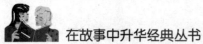

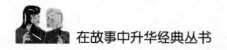

让每一个孩子微笑

◇ 马　宏

当三年级主持人代萍老师和左杰民同学宣布三年级"我们多么幸福"——"六一"庆典活动结束的时候,我和在场的家长一样,激动地站起身来,用全身的力气为每一个同学、老师和家长刚才精彩的表演热烈鼓掌!

在连续四天的八场演出里,我观赏并参与了学校各年级各校区各班师生家长在梦想剧场共同举办的"六一"庆祝活动。看到一个个面带微笑走过的孩子,我与家长、老师相互祝贺,心满意足又意犹未尽,脑海中不由自主又回想起一个学期以来,巴蜀经历教育讨论和痛苦的抉择以及艰辛的付出……

开学前规划今年的"六一"活动时,学校计划组织一场全校学生参加的"儿童心声音乐会"庆祝活动。学校课程部协同音乐学科组的老师,从寒假开始构思,通过与德育工作团队、年级辅导员团队的反复磋商,几易其稿。4月初,我看到了策划在人民大礼堂演出的"东方红——重庆市巴蜀小学儿童音乐会方案"。时长近两个小时的活动,有唱红歌、读经典、讲故事等,包括邀请家长参与。但巴蜀教育一贯主张关注每一个孩子,就在方案讨论会上,也出现了不同的声音:是做精品化的"高档次"活动还是改为人人上台的分年级庆祝活动?我们组织的活动究竟应该服务于多数人还是少数人?一石激起千层浪,大家进行了激烈的讨论,最终达成了共识。虽然已经作了相关准备工作,但让4000多名孩子人人走上舞台,展现自我,这才是最好的节日礼物!于是经过痛苦的抉择,学校最终放弃了已经成型的"六一"方案,改为人人上台的分年级组庆祝活动。大家又开始了积极的筹备工作。

接下来,原本有序的准备工作在5月份却又面临严峻的考验——由于我校学生在重庆市唱红歌、读经典、讲故事系列活动中、自信、优雅、高素质的表现，赢得了现场观众、专家的高度赞扬，所以市教委在重庆市庆祝"六一"国际儿童节综艺晚会筹备会上又委派我校以重任：推荐选拔主持人、4名学生现场写书法；承担"中篇"第一个节目60人诵读《毛泽东诗词三首》、活动结尾100人合唱压轴歌曲两首、少先队仪仗队表演及场下300名学生、150名家长互动方阵等节目。

是"舍卒保车"，抓市里活动的形象工程，还是坚守学校"六一"人人上台的庆祝活动绝不让路？"六一"是每个巴蜀孩子的节日，不能因为要出精品节目，重视对外形象，就忽视了学校里大多数孩子，学校活动应该继续做！而且要做得一样好！很庆幸的是巴蜀教育的理性和巴蜀人的境界。经过学校慎重考虑，还是坚持让4000多名孩子人人走上舞台，展现自我，给予孩子"六一"最好的节日礼物！

事实上，在每一个决定和教育行动的背后，是对教育活动价值的理清和选择。只有我们不断去接近儿童的生活现场，直面孩子生活的真实，洞察孩子的真实需要，才能注重儿童个性的全面和谐的发展，才能为儿童提供高品质的教育生活，才能真正地找到让孩子快乐的金钥匙，让每一个孩子都微笑。顺应时代发展的优质教育，就是要"与学生脉搏一起律动"，选择适合每一个学生的方式成功"和而不同"的教育境界恰恰是教育的魅力所在。于是，今年"六一"，我便参加了我校专设的8场活动——每一个校区、年级、每一个孩子的庆祝。

我迅速叫住身边经过的一个孩子，"今天你高兴吗？""高兴！""站在舞台上，你害怕吗？""害怕，哈哈哈！"实际上，当看到每一个孩子和老师，包括很多家长都走上舞台联袂演出的时候，参与的每一个人都感受到了幸福。台上台下的精彩和感动，也让人真正体会到了巴蜀教育的魅力所在。

"形式对我们来说是次要的，好坏对我们来说是次要的，孩子站在台上表演，本身就是一种成功。"一位家长说。

我会心一笑。

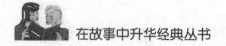

断翅的天使

◇ **冯玉娟**

那一天，我们水北小学与结对帮扶的学校——盐城市北龙港小学同题会课，我执教的是《少年王勃》。

在匆匆作完课前准备后，我与北龙港小学三（一）班的小朋友做简单的交流，这时讲台正前方一位脸庞白净，左手拿钢笔默默写着字的小男孩引起了我的注意，出于好奇，我走过去小声地问："你怎么是用左手写字呢？""他的右手不好。"几个热心的女孩迫不及待地帮他解释。这时我注意到他的右手纤细而柔弱，确实有些异样。小男孩把头偏向一边，我怕伤了他的自尊，说道："许多外国名人甚至总统都用左手写字，能用左手写字的人都特别聪明哦！"他瞅了我一眼，害羞地一笑，又继续写字了。

课堂上我很投入，情绪饱满地带着孩子们领略少年王勃的横溢才华，孩子们也争先恐后地发表自己的见解。课近尾声，我检查孩子们对课文的积累情况，一时间小手如林。这时一只小手紧贴着伸到我的面前，坚定地竖着。我低头一看，就是课前那个用左手写字的小男孩，他直视我的双眼，渴望的眼神仿佛在说："老师，我会，让我来吧！"我毫不犹豫地选中了他："请你站起来大声地背给同学们听。"话音刚落，刚才如"林"的小手瞬间收了回去，教室里静得出奇。正当我感觉有些不对劲时，听课队伍中他们的班主任老师忽然站了起来，满脸歉意地说道："他……他不好……"在大家诧异的目光中，她没把话说完就坐了下去。我们的目光再回到那个小男孩身上，就这一眼，把大家的心都揪住了——他正在竭力用双手撑起自己的身体，却力不从心地伏在了桌上，他倔强地试图站起来，但双腿因为支撑不了那瘦弱的身躯，只能用双手拼命地抓住桌沿向上攀，再向上攀。他努力向上抬起身子，丝毫没有放弃的意思。

　　小男孩的不依不饶让我猛地一震，"对不起，老师不了解情况，你就坐在位置上背吧，你坐着也一定能背得很好。"我试图挽回这尴尬局面。

　　几秒钟后，事情更令人惊讶。我听不清他在背什么，但他肯定是一本正经地背着。他含糊的声音仿佛从气管里发出来，嘴巴张得很大，可能是太用力了，所以不住地低头，额头也渗出了一层细密的汗珠。教室里更寂静了，大家都在屏住呼吸用心聆听，我更是仔细观察着他的口型和表情。"……远处天连着水，水连着天，水天一色……"虽然声音含糊，却一字未错。看着他全力以赴而憋得通红的小脸，我又心疼又感动，复杂的感受如电流般划过皮肤的每个细胞，鼻子一酸，落下泪来。就在他背完的那一刻，教室里响起了热烈的掌声，几位听课的老师甚至站起身来为他鼓掌，大家的眼眶都红红的。

　　是啊，谁不被他感动呢？对于一个正常孩子来说背一段课文太容易了，可是对于他这样的一个残疾孩子，那要付出多少努力和汗水才能完成！因为他的残疾，亲人、老师、同学，甚至更多的人都对他降低要求，甚至没有要求，可是他没有放弃自己，他用他的努力赢得了比别人更多的掌声，他就是那个断翅的天使。

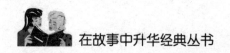
黑板上的关爱

◇ 吕 赟

下课了，我将讲台上的教案与教科书整理了一下，将黑板上的板书擦干净，刚准备离开教室去办公室休息一下，坐在教室最后面一排的何贞贞"拦"住了我的去路。

"何贞贞，你有什么事吗?"我笑着问。

何贞贞抱怨道："吕老师，我看不见您黑板上的板书内容!"

"哦，你肯定近视了，要不我给你调一下座位，让你坐得靠前些。""不是这样的，吕老师，我根本就没近视。"何贞贞有点着急了。"没近视？那怎么会看不见黑板上的板书?"我感到有些奇怪。

"吕老师，您的板书大多都是写在黑板的中下部分，我坐在后面，您的板书都被坐在前面的同学挡住了，所以我看不见黑板上的字。"

"是呀，我们有时候也看不见黑板上的板书，都被前面的同学挡住了。"何贞贞说完，周围有不少学生连忙附和着。

我有点不好意思了，摸了摸何贞贞的头说："原来是这样，真不好意思，下次吕老师一定注意，尽量将所有的板书内容写在黑板的上半部分，保证让你们全都能看见。"

"耶!"何贞贞高兴地笑了，她的附和者也全都欢呼起来。

"吕老师，我也有一件事和您商量，也是关于黑板的。"坐在教室第一排的李好也来"凑热闹"了。

我走到她跟前问道："什么事?"

李好指着黑板对我说："吕老师，您看，每次您擦黑板之前从不先将黑板擦上的粉笔灰除去，而且擦的时候特别用力，这不，粉笔灰到处乱窜，这可害苦了我们这些坐在前排的同学了，害得我们经常捂住鼻子等上好几分钟。"

李好的话音刚落，坐在教室前排的所有学生全都嚷嚷起来："是呀，是呀，这粉笔灰可把我们害苦了。"

我呢，此时脸上感觉火辣辣的，真是惭愧啊！平时总是口口声声地说"要关爱每一个学生"，可是……

"同学们，吕老师在这里向大家郑重承诺，今后在使用黑板的过程中一定会做到以下两点：一是将板书内容写在黑板的上半部分，并尽量将字写大些；二是擦黑板时先将黑板擦弄干净，擦的时候注意方法，尽量不让粉笔灰'舞动'起来。在这里，吕老师也请所有的同学在今后的学习过程中对我进行监督！"

"哦！耶！"我的话音刚落，教室里所有的学生都欢呼起来！

回到办公室，刚才教室里的那一幕还不时地在我眼前浮现。真没想到，一块小小的黑板竟然可以检验出自己在日常的教学过程中是否真的关爱自己的学生！

夏丏尊先生在翻译《爱的教育》时说过这样一段话："教育之没有情感，没有爱，如同池塘没有水一样。没有水，就不称其池塘，没有爱就没有教育。"但是，我们教师对学生的关爱不应只是嘴里喊出来的口号，它应是从点点滴滴的教育细节中体现出来的行动。让我们一起关注黑板上的关爱吧！让我们一起关注在教育教学过程中类似于"黑板上的关爱"这样的教育细节吧！

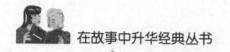

一次非常的测试

◇ 郭秀娟

教室里静悄悄的。唯有纸笔相吻时擦出的沙沙声，犹如春蚕在咀嚼桑叶，轻柔而舒缓。柔柔的阳光漫过窗棂，泻进教室，明晃晃的。整幅画面柔和、温馨，让人感觉到春的温暖。

可是好景不长，"噼——啪"忽然从教室的某个角落传出，声音虽不大，但在如此静谧的氛围中，却显得格外清脆。有几个同学四下张望了一下，既而又低头答题了。我也感觉很奇怪，到底是什么响声呢？是从什么地方发出的呢？我希望这声音再次出现，为的是帮助我作出必要的判断和处理，要不会影响学生答题的。

没想到响声真的又出现了！但它的速度太快，还没有容我判断准确，它就消失了。我走下讲台，巡视着教室的边边角角，没有发现什么异常。当我再次坐到讲台上时，这个奇怪的"噼——啪"声又响了。更多的学生抬起了头，见我没什么表示，又都把头低下了。为这个扰乱考场的响声，我有些恼火，但又不能大声呵斥。我只好静静地观察着每一个学生，希望从他们的神态举止中发现蛛丝马迹。

学生们有的在奋笔疾书，有的在冥思苦想，有的在认真图卡……忽然，我把目光聚焦在了甲生那里。他的右手拿着笔在桌面的稿纸上演算着，而左手却一直放在桌下，时而还能看到手臂的震动，想必声响就是他捣鼓出来的。正在此时，我惊讶地发现，他把左手从桌洞里拿出来，慢慢地靠近了嘴巴，有个东西被送进了嘴里。然后，就看见他的嘴巴在慢慢的蠕动。顿时，我明白了，甲生在吃瓜子！还是一边考试一边吃瓜子！那个声响的发源地就在他这里！惊愕之余，我很想戳穿他的把戏。可细细一想，还是将错就错，利用这次机会给同学们好好的上一课吧！

考试依然在进行，"噼——啪"声时而再响起，学生们除了张望外，别无反应。

终于，考试结束了。试卷上交后，我特意征询了学生们的意见，问他们是否听到考场上的"噼——啪"声，他们都说听到了，而且还愤愤不平，说这烦人的声响影响了他们的考试。

第二天，试卷发了下来。同学们看着自己试卷上猩红的"0"，先是大眼瞪小眼，随后就把焦点转移到了我这里："老师，这是怎么回事？我们怎么都是0分啊！""是的，你们只能得0分，因为昨天的考试是一次思想的考试。同学们关注的只是笔试，而忽视了自己的思想！考场上，有同学吃瓜子，无视考场纪律，理应0分；而面对干扰了自己答题的'噼——啪'声，同学们听到了却都没有提出抗议，你们的默然就是一种纵容，理当0分。"这下，喧闹的学生们一下子静默不语了。

我知道，这次别样的考试会给学生留下深刻的印象，一定会时时提醒他们：不要老是以自我为中心，要时时关注身边的人和事，对于周围的不良现象该说"不"时，要敢于说"不"。

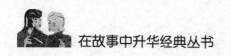
情书引发的事件

◇ 邓文圣

前些日子，我们几个铁哥们又相约去看望了我们高中时期的好老师——"大王"老师。眼前的"大王"虽然年届五十，白发已经爬满了鬓角，但依然掩盖不了二十年前的那般英俊潇洒，谈吐间依然尽显其"博古通今，才华横溢"的韵质。

联系并组织我们拜访"大王"的是一家编辑部的美女总编李然，李然对"大王"老师的情意真是"没齿不忘"。如果没有"大王"那次巧妙的"断"，李然就不会是今天的李然了。

永远不会忘记！那是一个阳光和煦、春意盎然的星期天，被我们戏称为"大王"的语文老师，突然把我们几个"文学爱好者"约到他的家中。

一走进大王老师的"家"，跃入我们眼帘的是装潢新潮，贴有大红喜字的新房。

"哇！王老师你结婚了。"

"为什么不早些告诉我们，我们好来贺喜呀！"

"王老师，今天是专门请我们吃喜糖来着？"

……

"是啊！你们可是我的得意门生，老师有喜事当然要与你们分享呀！怎么会把你们忘记呢，这不特意邀请你们嘛？"满脸灿烂的"大王"打趣地说。

"怎么样，有什么感受？"那时也是不甘寂寞的我主动挑起话题。

"我受感染了，似乎也想……"刘涛坏笑着说。

"李然，刘涛发出求爱信号了，应答不？"我们一起吃队伍中唯一的女生李然的"豆腐"。

"去，去……"李然红着脸嗔骂。

我们几个越说越兴奋，话题自然而然地进入了恋爱、婚姻。

"王老师，你太幸福了。"一向幽默的"猴子"发话了。"听说师母是你的高中同学，你们大概很早就恋上了吧，给我们透透？"

"说实话，虽然早就喜欢，但直到大四才开始谈的。人那，一生虽然漫长，但关键处只有几步，中学时期就是关键处，中学生应有鸿鹄之志，为自己的未来而把全部精力用在学习上。学有所成，爱情才有稳定的基础呀，你们可是我的好徒儿，我提醒你们哪怕心中有个他（她），也不能分心啊。"

……

那个难忘的星期天，我们谈了许多，感受了老师家庭的温馨，还享受了年轻漂亮的师母的热情款待。

直到我们参加工作后一次去给王老师拜年，闲谈中才知道，王老师请我们事出有因。原来，我们中的李然喜欢上了王老师，在一个晚自修后给王老师送去了一首诗：

想你，我上课无法集中；

想你，我晚上不能入眠；

你的动作，你的笑容占据了我的全部；

我爱你。

怎么办？王老师知道李然不是一个坏学生，尊师守纪，学习勤奋，待人诚恳。她爱上老师是由于生活圈子小，"晕轮效应"之下的盲目崇拜。如果直接疾风暴雨地批评那只能毁了她，最好的办法是巧妙隐蔽地开导她，断其念想。于是，就有了老师与师母配合的"釜底抽薪"的双簧表演——星期天请吃喜糖。

情窦初开，懵懵懂懂的高中学生，由于对老师极度信任，常常演绎"恋师"情结。愿我们为师者做一个有心人，借鉴"大王"老师的"润物细无声，寓导于无痕"，把他（她）们拯救出痛苦的情感世界，引领他们走上人生的康庄大道。

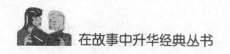

我也是"粉丝"

◇ 钟力生

我们学校有个传统，每次上课之前，文艺委员都要带领大家唱首歌。唱歌的目的是解除学生的疲乏，调节学生的情绪。这本来是一件好事，有一阵子却让我很是烦恼。

那时候，我班的文艺委员是个周杰伦的铁杆"粉丝"，每次带领大家唱歌都必定要选周杰伦的歌曲。在他的带动下，全班掀起了"周杰伦热"。一时间，关于周杰伦的专辑、照片和娱乐杂志满天飞，搞得像是周杰伦要来开歌迷见面会。喜欢明星本来没什么大不了的，崇拜明星符合中学生的生理和心理发展特征，这些我都知道。可是像这样大张旗鼓地崇拜周杰伦，不见得将来能培养出几个歌星，但成绩下降却是事实——期中考试，我们班由第一落到了第三。

显然，偶像崇拜已经成为制约我班发展的重要因素，必须马上对学生的偶像崇拜加以正确引导。

这件事情还真让我犯了愁。说句实话，我没有音乐细胞，不喜欢听歌，更不了解娱乐明星。对于周杰伦，我听过他的《双截棍》，对"哼哼哈嘿，快使用双截棍……"的唱法实在是喜欢不起来。但多年的班主任经验告诉我：要想引导学生，必须知彼知己，方能百战百胜。

于是我上网搜集了大量有关周杰伦的材料，对周杰伦进行了全面的了解。一番精心准备之后，"万事俱备，只欠东风"，我只需要一个合适的机会。

机会终于来了。那天，文艺委员带领大家唱《听妈妈的话》（周杰伦的）。歌唱完了，我问大家："这首歌很好听，是谁唱的啊？"

大家异口同声："周杰伦!"

"大家喜欢周杰伦吗?"我微笑着问。

"喜欢"、"超级喜欢"、"喜欢死了!"……答案不一,但都是喜欢的,只是程度不同。

"那谁来说说为什么喜欢周杰伦?"我问。

文艺委员站起来:"老师,我喜欢听他的歌,他的歌有激情,热情洋溢,怎么听都听不够。"

另一位同学站起来说:"我喜欢他那略带忧伤的表情,酷酷的,一下子就喜欢了。"

"我喜欢他的眼睛"

……

"我喜欢他打篮球的样子。"

大家七嘴八舌。

我示意大家停止,然后问:"听说这首《听妈妈的话》源于一个典故,谁来说说?"

这一次,大家都不作声了。

接下来,我给学生讲了周杰伦的故事。

在周杰伦很小的时候,父母就离异了。母亲一个人带他不容易,他看在眼里。为了让妈妈过上好日子,他潜心研究,刻苦修炼,不断提高自己的水平,逐渐从一个小人物成长起来,从幕后走向前台,成为偶像歌手。此时的他更加刻苦努力,为写《双截棍》,他自学武功,早晚练得浑身是伤,为的是找到感觉。他说:"家是个快乐的地方。"他不住公司给他的贵族单身公寓,总愿意回到妈妈家。他创作的《听妈妈的话》,是他时刻不忘报答妈妈的恩情的真实生活感悟。

我环视一下大家,发现不少学生陷入了沉思。

我接下来说:"周杰伦希望让妈妈过上好日子,刻苦努力,取得了成功。大家是如何做的呢?我们长这么大,父母就交给我们一项任务,那就是好好学习,让自己得到最好的发展,我们做到了吗?"

大家低下了头。

最后我说："其实，我也崇拜周杰伦，我崇拜的是他那种自信、勇于付出、坚持不懈和知恩图报的品格。希望大家能像周杰伦一样，做一个上进的人，用不懈的努力实现自己的人生理想！"

从那以后，班里谈论周杰伦的少了，讨论学习的多了，期末考试，我班又取得了第一名。

爱哭的男孩

◇ 陈　红

"叮铃铃……"一阵电话铃声搅碎了我的香梦。什么人呢？一大清早就打电话，烦不烦嘛。睡意朦胧的我极其不耐烦地拿起了电话，"老师，我今天要带小宾到医院去检查，我替他请半天假。"电话里传来一个非常客气的女声。"哦，好的，你带孩子去吧。"

放下电话后我很是纳闷：这孩子有什么病呀，昨天都还好好的，难道感冒了？也不对呀，感冒了家长得告诉我病情呀，可她什么也没有说。出于职业习惯，我回拨了家长的电话，她说孩子的左手左脚几乎已经停止了生长，右手右脚却还在发育，她要带孩子去作残疾鉴定。我的脑袋"嗡"一下炸开了：难怪那天有同学说小宾的头发剪得像一个木碗，他就哭了，任凭我怎么安慰，他还是哭；难怪体育课上老师说他做操不认真；难怪朋友们不跟他玩了，他在教室里泣不成声；难怪买校服时，他非要长袖、长裤……看来所有的一切都是因为他残疾了，他很自卑。

美国心理学家詹姆斯说过，人性中最深切的禀质乃是被人赏识的渴望。因此我决定用赏识的眼光来对待小宾。当他用微弱的嗓音回答完问题后，我带头为他鼓掌；当他学习有一点点进步时，我衷心地表扬他；当他生活、学习上遇到困难时，我热情地提供帮助……但是出乎我意料的是，一开始他对我的赏识还很感兴趣，上课回答问题的声音大了，举手的次数多了，也主动找老师谈心了，他渐渐地接受了自己是一个轻度残疾的孩子。然而正当我为这悄然变化着的　切暗自高兴时，却发生了一件始料未及的事。

那天中午，我正在改作业，小宾突然满脸泪水，怒气冲冲地跑来对我吼道："老师，请你以后不要随便表扬我。"说完头也不回地跑了，一头雾水的我怔在办公室里。后来才知道那天上科学课时，不知谁把试管弄坏了一只，大家看见小宾在清扫碎片，竟误认为是小宾弄坏的。任凭他怎么解释，孩子

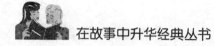

们都不相信，对小宾冷嘲热讽，恶言相向，说他仗着老师喜欢他，威风八面。

我该怎么办呢？进退两难，我不知道自己的做法究竟是对还是错。我是否应该让大家知道小宾是一个特殊的孩子？我不能固执地只从自己的角度去关心他、欣赏他、培养他的自信，不能忽略他只是班集体中的一份子，他需要融入这个集体。我担心如果让大家知道小宾是一个残疾孩子，孩子们会对他有嘲笑、不屑、轻蔑的眼光，也怕孩子们新奇、异样、惊讶，甚至可怜、哀悯的眼光，这些或许会给小宾带来更大的伤害。我究竟该怎样让这群孩子接受小宾呢？

班队课上，我让孩子们看了2008年残奥会上一些精彩的瞬间：美国短跑选手雪利摔倒后，一瘸一拐地走到了终点；只有一条左腿的残奥会"七朝元老"施密特，用笑容诠释乒乓球运动带给他的快乐与自信；失去双手只能靠牙齿紧咬缰绳控制马匹的德国骑手贝蒂娜·艾斯特尔，漂亮地完成了一场撼动人心的"舞蹈"……孩子们眼中闪烁着晶莹的泪花，他们被深深地感动了。周记中有同学写道：正常人能做到的，残疾人也能做到；正常人不难做到的事情，甚至他们也能做到。在我看来他们最需要的关爱就是平等相待，而不是施舍式的照顾和怜悯式的同情。

不久，学校举行了"桥"的承重比赛，在我的再三鼓励下，小宾也参加了，并且在比赛中获得了校一等奖，代表我校参加市里的比赛。孩子们高兴极了，围着他转，争着恭喜他。那一刻，我分明从孩子们的眼里看到了佩服、羡慕和发自内心的真诚祝愿。

体操比赛就要举行了，各组的孩子都在进行紧张而有序地训练，而有一组的孩子却在一旁生闷气。他们责怪小宾做操不认真，锻炼不到位，总是拖班级的后腿。小宾则在一旁哭泣。我走过去轻轻而又坚决地对他说："小宾，我相信你，你一定行。"又对孩子们说："孩子们，我们一定要相信小宾能行。请孩子们多给他一点时间和耐心，相信他一定会做得好。"比赛结束后，我们班名列第二，小宾哭了。我拍了很多孩子们比赛的照片，其中一张是小宾在尽力地使自己的动作能够到位。当我给孩子们讲了为什么小宾做动作不到位，他们释然了、惊讶了、佩服了。自己的身边居然也有一位如此顽强、值得称赞的伙伴。小宾擦掉眼泪对大家说："请你们以正常人的眼光看我，以正常人的眼光要求我做事，我一定会努力做到的，保证以后会像个男子汉一样再也不哭鼻子了。"

这节课，我们谈"爱情"

◇ 吴晓军

一如既往，课前我让孩子背诵唐诗。我想：老是摇头晃脑地沉溺于李白、杜甫的诗篇中，还不如换换口味。

前两天，在《语文学习》上看到"上海新编初中语文教材直面爱情"这样的报道，我认真地解读了一番，这真是"语文革命"中的首创，开了语文教材编写的先河，弥补了这一领域的空白。由此我想到：哪天也让"爱情"走进我的课堂——小学二年级语文课堂。

语文课前，我走到教室门口，琅琅的唐诗读声，声声入耳。我走上讲台，示意他们停止朗读，然后在黑板上写下"面朝大海，春暖花开"这几个字。这是我钟爱的一首诗，诗歌表达了诗人海子对人生的追求与向往，每逢读这首诗时，我总会在清灵的启悟中流连忘返。今天我想教这群还不到十岁的孩子读这首诗。我只读不讲，让他们先触摸诗中的语言，因为他们还太小，没有丰富的生活阅历，无法体会诗人的内心世界。若干年后，他们一定能通过语言体验感情，哪怕无法体验，至少能在同伴面前骄傲地说"这首诗我读小学二年级时就会背了"，这就够了。

"从明天起，做一个幸福的人，喂马，劈柴，周游世界……"孩子们读得饶有兴趣，诗歌语言朴实，文字浅显，几个孩子还能在读了两三遍后就说他们从诗中知道了些什么。"海子希望过上幸福的生活"，"海子喜欢写信，不喜欢打电话、上网聊天"……听了这些"高见"，我不禁在心底发笑，海子生前一贫如洗，哪谈得上现代化的通讯装备。当然，孩子们只能从自己的现实生活出发去解读诗歌，也难怪，毕竟这只是课前三分钟的朗读，我想先这样草草收场。这星期每节语文课前三分钟再多读几遍，就能水到渠成，熟读成诵了。

这时，班里的"智多星"伟标同学站了起来："老师，我还知道'愿有情人终成眷属'这句话的意思，就是说两个人有了爱情要结婚……"他的话还没说完，教室里就像炸开了锅，学生们笑得东倒西歪，是嘲笑，傻笑，还是害羞的笑？坐在前排的楚楚站起来反问他："你怎么这么不害臊？小小年纪就讲结婚？"容慈也站起来说："现在我们不应该讲'结婚'，我妈妈说小孩子不能说这些东西。"我听了这两个小女孩的话差点晕倒，为什么这个被人类看作永恒神圣的主题在这些小孩眼里就变成"禁语"，变成"东西"了？哎，这不能怪孩子，我们的社会对这些"东西"太禁锢了，我们的家庭教育太保守了。我又在黑板上写下了两个大大的字"结婚"。"同学们，这节课，我们就讲'结婚'。"孩子们一愣，教室里顿时安静。我又说："结婚就是两个相爱的人生活在一起，就像你们的爸爸和妈妈，结婚了，就有了你，人类的生命就是通过结婚得以延续。"一旁的铠杰同学接过话题："那我以后要和妈妈结婚。"我忙解释："两个没有血缘关系的人才能结婚，也就是说结婚的对象不能是你的亲戚，你们俩有许多想说的话，彼此喜欢，产生爱情，那样才能结婚。"一石激起千层浪，孩子们议论开了，他们第一次接触这样一个话题，他们感觉非常新鲜，他们的"稚嫩理解"慢慢走向"科学理解"……

这时，容慈又站起来打断我的话，她说："老师，就像我们家，爸爸生病了，妈妈照顾他；妈妈生病了，爸爸照顾她，这就是结婚。"我连连点头，孩子们终于明白人世间最美好的不是"东西"的东西。接着，我又向孩子们讲了几个简单的爱情故事，我讲了《红楼梦》，讲了《简·爱》，他们那么专注的神态，不亚于平常听我讲童话故事的认真劲儿。在课堂的结尾，我说："人世间，没有爱情，没有婚姻，那地球上的人类早就灭亡了。当然，我们现在的主要任务是学习本领，为能拥有一个幸福的家而努力！"说完这句话，我问自己，现实的人生又何尝不是这样？也许我的话太深奥了，他们无法理解，但若干年后，无论他们走到哪个城市，寻找到什么样的伴侣，还要回想起这句话，应该是意味犹深的。

卢梭曾经说过："真诚的爱情是结合中最纯洁的。"如今，这份纯洁的感情走进了上海市初中语文课本，我是如此惊喜！现在偶像剧、言情小说铺天盖地，与其让它们告诉懵懂的初中生什么是爱情，还不如用那些谈论爱情的名篇佳作启发他们。

留到下一次再说

◇ **史美春**

原先一直教高年级语文，去年下半年改教三年级语文，这才知道什么叫"童言无忌"。三年级学生毕竟还小，刚升上来的第一学期，其实就是二年级的水平，平时说话、上课回答问题，有时真的让人啼笑皆非。

一次讲《第八次》这篇文章，里面有个词"磨坊"，一学生问是什么意思。考虑到学生知识水平有限，我说老师来解释一下吧。可一个女生把手举得老高，非要回答，这是一个上课一向非常积极的女生。我以为她可能在电视里看到过，就让她起来回答。没想到她竟然说："磨坊就是放马桶的地方。"我哭笑不得，随口说道："什么乱七八糟的，净瞎说。"别的学生一开始还没有反应过来，先是一愣。听我这么一说，全班便哄堂大笑。在笑声中，我看到那个满脸尴尬的女生红着脸慢慢坐了下去。

日子一天一天过去，开始我还没有发觉什么，可渐渐地，我忽然感觉课堂上好像缺少了什么。对了，是那个女生，我已经很长时间没有看到她把小手举得老高，嘴里说着"我来，我来"的情景了。我又注意了几天，确实如此。每次上课，她都显得很规矩，端端正正地坐在那儿，似乎也在认真听讲，可从不举手，与周围的学生起劲举手的样子形成了鲜明的对比，而且似乎和我不再那么亲近了。原先做作业一有问题，她就会跑上来问："老师，这是不是这么做？""老师，这个要不要做啊？"不管是上课还是下课都是如此。为此，我还批评过她，不该擅离座位。而现在，她不再跑上跑下了，就连批作业，她也离得远远的，一副敬而远之的样子。

我百思不得其解，到底是什么原因使她有如此大的反差。一次，偶然和同事聊天，同事说起她的外甥原先是很喜欢画画的孩子，只因为幼儿园的老师有一次说他的画画得乱七八糟，根本不像画，让他很伤心，因而对画画失去了兴趣，从此再也不愿意画画了。

听了同事的话，我忽然想起了那节课，那个女孩的变化会不会跟我随口批评的一句话有关？如果真的是，那我岂不是罪人？就因为我随口说的一句话，挫伤了学生学习的积极性，我开始感到内疚起来。但事情已经发生，内疚已经于事无补，唯一的办法就是要抚慰她那颗受伤的心，重新提高她学习的积极性。

我开始有意无意地关注起她。上课时，即使她不举手，我也会经常叫到她，即使她回答得不怎么出色，我也尽量挖掘闪光点表扬她。批作业时，我把她拉到我身边；课余时，经常用随意的语气和她拉拉家常。恰当的时候，会告诉她："其实你是个可爱的女孩子，老师非常喜欢你，希望你上课能和原来一样大胆发言，不管对错，老师都会欣赏你的。"

我的补偿得到了回报，慢慢地我发现她开始有了变化，课堂上又恢复到原先那种活跃的情形。

后来在《读者》上看到了这样一个故事：有一位表演大师上场前，他的弟子告诉他鞋带松了。大师点头致谢，蹲下来仔细系好。等到弟子转身后，又蹲下来将鞋带解松。有个旁观者看到这一切，不解地问："大师，您为什么又要将鞋带解松呢？"大师回答道："因为我饰演的是一位劳累的旅者，长途跋涉让他的鞋带松开，可以通过这个细节表现他的劳累憔悴。""那你为什么不直接告诉你的弟子呢？""他能细心地发现我的鞋带松了，并且热心地告诉我，我一定要保护他这种热情的积极性，及时地给他鼓励，至于为什么要将鞋带解开，将来会有更多的机会教他表演，可以下一次再说啊。"

的确有些事情可以留到下一次再说，那样或许会更好。从没有研究过教育学的大师尚且知道保护弟子的积极性，对弟子以鼓励为主。而我这个主修过多样心理学、教育学的教师却忘记了这最简单的道理。我暗自庆幸发现得早，要不一个孩子就因为我的无心过失葬送了学习的积极性。

孔子曰："敏于事而慎于言。"作为教师更应该说话谨慎，不要伤害孩子那颗柔嫩的心灵。

零分之约

◇〔美〕保罗·斯蒂文弗

曾经，我是一个让老师感到头疼的孩子，调皮、厌学、爱做白日梦。每次考试，成绩都是雷打不动的"C"，这让教过我的老师都无计可施。有趣的是，老师在宣布成绩的同时总会重复一个惊人相似的动作——双手抱着脑袋做头疼欲裂状，闭上眼睛痛苦地说："哦，上帝，看我们的斯蒂文弗又考了啥？'C'！"

我平静地走上台去，接过那张画着大大"C"字的试卷，没有一点羞耻感。我就是这样，热爱赛车运动，对学习一点也不感兴趣。我的梦想是当一名迈克尔·舒马赫那样的世界一流赛车手。

直到卡尔森小姐来到我们的班级以后，这一切才发生改变。

一定是教过我的老师都向卡尔森小姐说过我的坏话，所以第一天上课，她在点到我名字的时候冲我意味深长地笑了笑，说："你就是整天梦想当个赛车手，却不爱学习的斯蒂文弗吗？"

"是的。"我感觉她的话里有一些鄙夷的成分，这是对一个十三岁少年尊严的莫大侮辱，我接着声音高亢起来，坚决而富有挑衅地说："舒马赫是我的偶像，他像我这么大时成绩也很糟糕，他曾经考过零分呢，现在不一样当了世界顶尖级赛车手？"

卡尔森小姐突然爽朗地笑了起来："他考了零分当了赛车手，而你从来没有考过零分啊，每次都是'C'！"说完，她扬了扬手中的成绩单。

她竟然笑话我没有考过零分！我真的觉得自己当众受到了羞辱。我几乎要成为一头咆哮的小牛，在教室里横冲直撞了。可她温柔的目光像雅典娜女神的召唤一样，一刻也没有从我脸上移开，控制住了我心头的怒火。我咽了一口唾沫，从喉咙里发出低沉的声音："哼，下次我就考零分给你看看！"

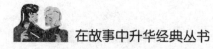

她伸长了耳朵，仿佛一下子抓住了我的"小辫子"似的，说："好啊，这个创意很好！咱们不妨做个约定，你要是考了零分，那么在班级里你一切自便，我决不干涉；只要你一天没有考到零分，就要服从我的管理，好好学习！"

我吐了吐舌头，因为我感觉自己遇到了一个天底下最最可爱又最最愚蠢的老师。

"不过，既然是'考'，咱们还得遵循必要的考试规则：试卷必须答完，不能一字不填就交卷，更不能离场脱逃，要不然的话就算违约，好不好？"

这还不简单！我的心发出快乐的鸣叫，不假思索地答道："没有任何问题！"

很快便迎来了考试。发下试卷后，我快速地填好自己的名字，开始答卷。反正这些该死的试题我平时有五分之三不会，考个零分总不是什么难事吧？第一题是这样的：在第二次世界大战中，指挥美国人民反击侵略的时任总统是谁？下面有三个备选答案：卡特、罗斯福、艾森豪威尔。我知道是罗斯福，却故意在答题卡上涂下了艾森豪威尔的名字。接下来的几道题都是如此。可毕竟试题是按先易后难的原则出的，试题的难度不断增加，甚至很陌生。在做后面的题时，由于我并不知道哪个是正确答案，所以答题时着实让我犯了难……反正是不会，按照约定又不能空下不答，没办法，最后我只得硬着头皮，像以往那样乱蒙一通。

走出考场，我忽然发现，自己手心里竟然出了汗。我第一次感觉，原来考零分竟然跟考满分一样难！我心情沮丧极了，那种期待着一场零分考试就彻底解放自己的想法似乎是一个缥缈的梦，可望而不可即。

试卷结果出来了，又是"C"，而不是"0"！可恶的"C"！我开始诅咒起来。卡尔森小姐走过来，狡黠地提醒道："咱们可是有约在先的哦，如果你没有考到零分，你必须听从我的指挥和安排。"

我低下头，既羞愧，又暗骂自己不争气。

"现在，我要求你，早一天考零分，或者说，你近期的学习目标是向零分冲刺！"

很快又迎来了第二场考试，结局还是一样，又是"C"！

第三次、第四次……我一次又一次地向零分冲刺。我发奋学习，竟然发现自己有把握做错的题越来越多，换句话说，我会做的题越来越多。我的赛车渐渐地蒙上了尘埃，我的赛车手梦也渐渐消散，取而代之的是萦绕在我脑海中的一道道试题。

终于，一年后，我成功地考到了第一个零分！也就是说，试卷上的所有题目我都会做，都能判断出哪个答案正确，哪个答案错误。

卡尔森小姐把试卷发下来后，大声地宣布："斯蒂文弗，祝贺你，终于考到了零分！"全班响起了热烈的掌声，是祝福的掌声！我脸红如枣，感到羞愧难当。

"好了，你终于凭着自己掌握的知识考到了零分，按照我们的约定，你可以在班级内做任何你想做的事情。"卡尔森小姐走过来，抚着我的头温和地说。

泪水突然涌出我的眼眶，哽咽了许久，我终于脱口而出："谢谢您，老师，在我没有成为世界一流赛车手之前，我想成为一名出色的中学生……"

"斯蒂文弗，你是好样的，在我心目中，一个凭着实力考了零分的学生跟考了'A'的学生一样出色！我为你感到骄傲！"

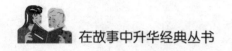

一份高难的作业

◇ 佚 名

一位音乐系的学生走进练习室。钢琴上，摆放着一份全新的超高难度的乐谱。

他翻动着，喃喃自语，感觉自己对弹奏钢琴的信心似乎跌到了谷底，消磨殆尽。已经三个月了，自从跟了这位新的指导教授之后，他不知道，为什么教授要以这种方式整人？

勉强打起精神，他开始用十只手指头奋战，琴音盖住了练习室外教授走来的脚步声。指导教授是个极有名的钢琴大师，授课第一天，他给自己的新学生一份乐谱。"试试看吧！"他说。乐谱难度颇高，学生弹得生涩僵滞、错误百出。

"还不熟，回去好好练习！"教授在下课时，如此叮嘱学生。学生练了一个星期，第二周上课时正在准备中，没想到教授又给了他一份难度更高的乐谱，"试试看吧！"上星期的功课，教授提也没提。学生再次挣扎于更高难度的技巧挑战。

第三周，更难的乐谱又出现了，同样的情形持续着，学生每次在课堂上都被一份新的乐谱"克死"，然后把它带回去练习，接着再回到课堂上，重新面临难上两倍的乐谱，却怎么样都追不上进度，一点也没有因为上周的练习而有驾轻就熟的感觉，学生感到愈来愈不安、沮丧及气馁。

教授走进练习室，学生再也忍不住了，他必须向钢琴大师提出这三个月来不断折磨自己的质疑。

教授没开口，他抽出了最早的一份乐谱，交给学生。"弹奏吧！"他以坚定的眼神望着学生。不可思议的事发生了，连学生自己都讶异万分，他居然可以将这首曲子弹奏得如此美妙、如此精湛！

教授又让学生试了第二堂课的乐谱，仍然，学生出现高水准的表现，演奏结束，学生怔怔地看着老师，说不出话来。"如果，我任由你表现最擅长的部分，可能你还在练习最早的那份乐谱，不可能有现在这样的程度。"教授缓缓地说着。

人，往往习惯于表现自己所熟悉、所擅长的领域。但如果我们愿意回首，细细检视，将会恍然大悟，看似紧锣密鼓的工作挑战、永无歇止难度渐升的环境压力，不也就在不知不觉间养成了今日的诸般能力吗？

因为人确实有无限的潜力！有了这层体悟与认知，会让我们更欣然乐意，面对未来势必更多的难题。

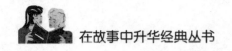
信的秘密

◇ 王新佳

认识小军这个小男孩，是去年的这个时候，那时他正读一年级，有一次他和我讲自己在校园里捡到 5 元钱却被高年级的一个大同学抢走了，我当时很气愤。因为他们的老师请假了，所以我把此事报告给了校长，经过一番耐心询问后，大家都表示应该带着小军去高年级教室抓出"肇事者"。下午正待我们意欲前往高年级教室时，校长突然说："你们都被这孩子骗了，他根本没捡到钱！"我们都不信，在我们的轮番教育开导下，小军终于说出了实情——果然是他捏造的。

多么厉害的小孩啊！竟把老师们骗得团团转。那委屈的眼神、那可怜的言辞，没有任何迹象显示他在说谎，在一个 8 岁小孩面前，我们输了，彻底地输了！

今年我接手这个班级第一天上课的时候，我一眼就认出了小军。他时常对我笑，不管我说什么，他都表示赞同，而且发出很长的调调。不管我说什么问题，他好像总是记不住，总是一遍遍地追问："老师，是做 1、2、3 题吗？""老师，生字写几遍？带拼音吗？"虽然我不止一次地提醒他应该好好听老师的要求，不许追问，可他还是一如既往。有时把我气急了，就忍不住对他吼起高音喇叭，可他呀，还是那副笑眯眯的样子，嘴里念念有词，"人家没听清楚嘛！"看到他这副样子，我真想举起拳头给他几下，可拳头举在半空中他便开话了："老师打学生犯法啊！"有时我有事不在教室，就是他的天下了，逗逗这个，和那个拉拉话。就算我回来了，听着同学们一个个地告他状，他也依旧笑眯眯地站着，反正你也不敢打我，放学后留着也总有放我回家的时候。时间长了，小军好像摸着了我的门道，言行不但没有收敛，大有不断上涨的迹象。这个小屁孩，敢情我还治不了你了！

一天下午，小军出奇地老实，半天没说一句话，总是规规矩矩地坐在自己的座位上。我很纳闷，私下和同学了解，原来有学生把小军在学校的一些劣行告诉了他妈妈，他妈妈当即棒揍了他一顿，还告诉他如果不好好学习，就让他回家去种地。真是"严母出好儿"啊，妈妈的一顿"竹笋炒肉"，可以让儿子规矩了好多。看来谁都怕硬的！

第二天我交给小军一封信，让他捎回家给他的妈妈。信是放在一个白皮信封里的，没有封口。信的内容大抵就是小军在学校是个聪明懂事的好孩子，学习上很有潜力，各门功课按时完成等。并告诉小军妈妈，日后我将定期以书信的方式向她汇报小军的在校表现，希望得到她的支持。

第三天当我再次站在讲台上的时候，台下的小军神采奕奕地坐在那，我没有问他妈妈看到这封信后有什么反应，他的表现就是最好的说明。接下来的日子，小军好像变了，他开始认真地听讲、做作业，不再接下句，劳动也变得很积极，我说话算话，每个星期坚持给她妈妈写一封信。

"老师，我妈妈好久都没打我了！"有一次小军对我说，"她经常把您给她写的那些信拿出来给别人看，她总是开心地对我说：'好儿子，好好学习，等你考上大学，妈妈就算砸锅卖铁也供你'。"

"我一定要考上大学！"

"你一定能考上，老师相信你！"我由衷地说道。

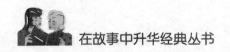

"老师像狮子一样凶"

◇ 刘美　史希玉

进入复习阶段，又一段紧张忙碌而又令人忐忑不安的日子开始了。

为了期末能考一个好成绩，每位老师都铆足了劲，上紧了发条，蓄势待发。平时的测验成了家常便饭，三天一小考，五天一大考，语文考，数学考，英语还要考。不考试能知道学生知识掌握得怎样吗？不考试能叫复习吗？不考试排出个一二三名来，怎么给老师们考核？考考考，老师的法宝；分分分，学生的命根，说的不无道理。复习期间，学生几乎天天做试卷，老师几乎天天看试卷。老师讲评，学生修改，学生再做，日复一日地重复着，老师、学生每天的生活变得单调乏味起来。为了什么？为了至高无上的分数呗！在素质教育盛行的今天，我们这些孕育祖国未来花朵的老师们却变成了分数的奴隶！

已经是三年级的孩子了，讲一遍应该会了，可是结果偏偏不如人意。错一遍，讲一遍，再做还是错。每每遇到这种情况，气就不打一处来，怎么都这么不长记性呢？这帮学生关键时刻就掉链子。唉！我的脾气自然好不到哪里去。

"这种类型不是讲了吗？怎么还错！"

"没有看清要求吗？"

"做题之前怎么就不动动脑筋！"

……

着了急，这样伤人自尊心的话随口而出。当时并没有感觉到伤了学生的自尊心，直到有一天阅卷时，我才突然被惊醒。题目是用"像……像"造句，王心悦同学在试卷上写的竟然是"老师上课时像狮子一样凶，下课时像爸爸妈妈一样关心我们。"我惊呆了，大半天没有反应过来，整个晚上我都在考虑这句话的真实性。王心悦——一个多么文静的小姑娘，不像会说谎的孩子，她肯定不会信口开河。可我真像一头凶恶的狮子吗？照照镜子，没有啊，一副善良的面孔，怎么能和狮子相提并论呢？整个晚上我翻来覆去，难以入眠。

第二天早上讲评试卷，要在以往我早该来到教室，发一顿脾气了，说些"这些问题都讲过了，怎么还是粗心大意做错了"之类的话，然后再逐题讲解，对做错的学生加以警告。可是今天早上，我并没有这样做，而是微笑着站在讲台上，自己都感觉微笑好久都没有挂在脸上了。学生一个个奇怪地瞪着我，老师今天要干什么呀？是呀，今天我要干什么？我要彻底改变自己，不做学生眼中的狮子！

"今天我们聊聊天如何？"我来到学生中间。

"耶！"欢呼声一片。聊天是我和学生们平时最喜欢的，可是自复习以来，我就一心一意地只想搞好复习，什么活动都不开展了。今天一听说聊天，同学们都变得兴奋不已。崔振强干脆站到凳子上，伸开双臂高呼"老师万岁！"，这是他的一贯作风，只要遇到兴奋的事情，必然要喊出来，无论在什么地方都不会埋没了他的高嗓门。

"你们觉得老师像狮子一样凶吗？"我直接抛出话题，我真想了解一下有多少学生感到我像头凶猛的狮子。一听这话，他们都有些莫名其妙，不知道我的葫芦里卖的什么药。我用目光扫着全班学生，并特意看了看王心悦，她的脸微微发红，低着脑袋，是不好意思吗？我真想告诉她老师不是兴师问罪，只是想了解他们内心真实的想法，然后尽快改正自己的错误，我多想做一个他们喜欢的老师啊！

"不——凶！"又是高嗓门的崔振强带头喊了起来，而且特意拉长了调子。其他同学也都跟着嚷道："老师不凶！"

"王心悦，你说说你的看法好吗？"我转向王心悦，尽量用最温柔的语气跟她说话，恐怕吓着了她。

"不凶。"她抬头看看我低声回答，目光中有慌张，有胆怯。

"没关系，想说什么都可以！"我微笑着望着她。

也许是我的微笑给了她勇气，她接着说："就是发脾气的时候，我们有点害怕。"

一听王心悦说老师发脾气，其他同学也打开了话匣子。

"老师那次发脾气可厉害了。"

"吓得我们都不敢和你说话了。"

……

听着他们发自内心的对我的"批评"，此时此刻，此情此景，我站立不安，看来我的问题还真不小，我在学生眼中俨然成一头让人望而生畏的狮子。

我深吸一口气，"同学们，今天老师知道了自己的错误，老师会勇敢地面对自己的错误，老师不做一头大家都不喜欢的厉害的狮子。你们就监督老师吧，你们能原谅老师吗？"

"能！"孩子们的声音洪亮而又整齐。

"老师，我们不怪您！老师都是为我们好，才批评我们的，打是亲，骂是爱。"懂事的韩刚说出的话总会让人听了心里热乎乎的。

"老师，我们不怪您！"他们异口同声地大声喊道，我的眼睛微微湿润了，我朝他们深深地鞠了一躬，说了一句："谢谢！"

掌声随之响起来。

为了自己的切身利益，为了满足自己的虚荣心，我打着"一切为了学生，为了学生的一切"的幌子，一直做着伤害他们的事情。而他们却这么轻而易举地就原谅了我的错误，原谅了我的自私。孩子们，感谢你们，是你们让我深深体会到了什么是"宽宏大量"。孩子们，当你们犯错误的时候，我会像你们待我一样原谅你们！

借一只手为你鼓掌

◇ 古保祥

在学校组织的一次演讲比赛上，我的儿子像个泥鳅一样缩在我的身旁，从始至终，他都没有鼓起勇气参加这场演讲比赛，我不断地给他打气，让他要谨慎不要怯场，我知道，这样的场合对于锻炼孩子的素质是多么重要。

儿子去后台作准备去了，我坐在那里心里七上八下的，我害怕自己的加压会对孩子的成长不利。猛然扭头时，却发现旁边的座位上坐着一位普通的妇女，她的衣着很寒碜，使我一下子想起了电视里的农民工，她凑过来与我搭腔："孩子参加比赛？"我点点头表示同意，她却不依不饶地与我搭讪："我女儿也来了，她第七个出场。"

我似听非听地做着迎合她的动作，我只关注自己儿子的情况，因为他马上就要出场了，儿子的表现还令我满意，他表面的镇定自若虽然是装出来的，但我已经心满意足了。

我悬着的心刚放下来，旁边那个妇女突然欢呼起来，她不断地向场上的一位女孩打着招呼，显然，那是她的女儿。我开始注意那个孩子，她衣着朴素，紧张得不行，她的故事讲得不太精彩，听了有种昏昏欲睡的感觉，台下一片嘈杂声，但那个妇女，却始终认真地听着，嘴里还不断地喃喃自语："不错，真是我的乖女儿。"

虽然现场没有几个人认真倾听一个孩子的声音，但她却一直认真地听着，也许在她听来，女儿的声音是世界上最动听的音乐，哪怕现场没有一个听众，没有一个评委，她也会认真地听完女儿的演奏，我真为她的执著感动。

小女孩演讲结束了，台下没有掌声，小女孩鞠躬的身影让我的心为之颤抖，我正在踌躇，旁边那个妇女说话了："这位家长，借一下你的手可以吗？"我正不知所以然，猛地发现她的左袖管在风中飘荡着，她不好意思地笑笑：

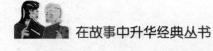

"我要为孩子鼓个掌，我不想让她太孤单。"

这也许是我听到的世界上最另类也最卑微的心愿，我的右手与她的右手撞在一起，节奏由舒缓变紧凑，继而，全场响起了雷鸣般的掌声，那个小女孩，深情地向母亲投来感激的目光，我的眼泪肆无忌惮地漫延下来。

从这位普通的母亲身上，我突然明白了一个道理：我们的孩子，也许不是天才，也许他们一直努力也成不了期望中的大家，但他们的每一项创造都需要我们用心去肯定，他们成长的每一步都需要我们的见证和收藏，每一个孩子都是渴望关注、期待成功的。

也许我们应该做的，就是为他们尽情地鼓掌、加油，这就是送给他们最好的关怀和礼物。

请为你的夸奖道歉

◇ **毕淑敏**

朋友向我讲过这样一个故事。

她到北欧某国做访问学者，周末到当地教授家中做客。一进屋，问候之后，她看到了教授五岁的小女儿。这孩子满头金发，眼珠如同纯蓝的蝌蚪顾盼生辉，极其美丽。朋友带去了中国礼物，小女孩有礼貌地微笑道谢。朋友抚摸着女孩的头发说："你长得这么漂亮，真是可爱极了！"

教授等女儿退走之后，很严肃地对朋友说："你伤害了我的女儿，你要向她道歉。"朋友大惊说："我一番好意，夸奖她，还送了她礼物，伤害二字从何谈起？"教授说："你是因为她的漂亮而夸奖她，而漂亮这件事，不是她的功劳，这取决于我和她的父亲的基因遗传，与她个人基本上没有关系。你夸奖了她，孩子很小，不会分辨，她就会认为这是她的本领。而她一旦认为天生的美丽是值得骄傲的资本，她就会看不起长相平平甚至丑陋的孩子，这就成了误区。而且，你未经她的允许，就抚摸她的头，这使她以为一个陌生人可以随意抚摸她的身体而可以不经她的同意，这也是不良引导。不过你不要这样沮丧，你还有机会弥补。有一点，你是可以夸奖她的，这就是她的微笑和有礼貌，这是她自己努力的结果。请你为你刚才的夸奖道歉。"教授这样结束了她的话。

"后来呢？"我问。

"后来我就很正式地向教授的小女儿道了歉，同时表扬了她的礼貌。"朋友说，"从那以后，每当我看到美丽的孩子，我都会对自己说，忍住你对他们容貌的夸赞，从他们成长的角度来说，这件事要处之淡然。孩子不是一件可供欣赏的瓷器或是可供抚摸的羽毛，他们的心灵像很软的透明皂，每一次夸奖都会留下划痕。"

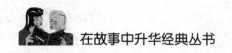
谢谢您，爸爸！

◇ ［美］乔治·艾尔·马斯特斯

旧金山6月里的一天，天气很热。父亲节就快到了。

放下报纸，我看着桌子上那张在几年前的一个夏天拍摄于缅因州的照片。照片上，父亲和我肩并肩地站在一起，我们的胳膊环绕在对方的肩膀上。

我把身子向前倾，靠近照片，仔细地端详着。只见我的老父亲门牙露在嘴唇的外边，就像一名头发斑白的前曲棍球运动员一样露齿而笑。正是眼前的这位老人，在他年轻的时候，曾经常常带着我沿着海滩追逐嬉闹，在海水里追风戏浪；也正是眼前的这位老人，在他体格强壮的时候，曾经教会我如何去划船，如何去滑冰，还有如何去劈木材。如今，已经年过七旬的他，双眼以一种角度倾斜着，深深地陷入他那满是皱纹的脸上的一个的角落里。由此，我能感受到他的幸运，体会到他的苏格兰人的气息，甚至能嗅到他头发上常用的那种香水的味道。看着看着，我突然涌起一股冲动。于是，我决定给他打个电话。

"下午好。"他大声喊道。我的妈妈在另一端拿起了另一个话筒，告诉他要戴上助听器。

"哦，它在我的口袋里呢。"他一边回答一边伸手到口袋里摸索着。

这时候，妈妈告诉我说，他们的一只新来的叫谢普的狗每天都像是疯了一样。

"哦，不过，事实上不是狗疯了，"她说，"而是你的父亲疯了。每当他心情不好、情绪低落的时候，他就会离开家到外面去散心，这时，谢普就会跳过栅栏，四处游荡去了。然后，当你父亲回来之后，就开始为它担心，并且一直在那里等着它，连觉也不睡，直到它回来。有时候，他甚至在凌晨两点的时候外出散步，害得狗儿也睡不着觉，还'汪、汪、汪'地一阵狂吠。当谢普从外面回来的时候，你父亲就会用西班牙语训斥它，好像狗能听懂似的。"

"哦，它正在学习西班牙语呢！"电话那头的父亲掩饰不住内心的激动，迫不及待地抢过话茬，继续说，"你母亲总是认为我是一个让人讨厌的饲养者，不过，也许她是对的。"

他问我目前正在做什么。我如实地告诉了他。

"做一名自由撰稿人固然很好，"他大声说，"但是你要注意安全。虽然你不必照管酒吧，也不必做一名建筑工人，你受过大学教育——为什么你不很好地应用呢？你想过没有，如果有一天你生病了，你怎么办呢？你知道住在医院里得花多少钱吗？"

"哦，我还没有想过那么多。"说完，我换了一个话题，"爸爸，你吸烟太厉害了，酒也喝得太多了，还不锻炼身体，吃那么多不该吃的东西，而且你至今还这样，一点也不注意。"

"你说得很对。不过，我比我那些同学活得都长。"他骄傲地说，但是一点都没有吹牛。

"爸爸，听我说，"我说，"我知道父亲节就快到了。"

"哦，是吗？"他应道。他从没有想过这件事。

本来，我是有很多话想对他说的，但是现在话到嘴边，我却又有些说不出来了。我想感谢他曾经带我去参加曲棍球比赛和国际象棋比赛，还想感谢他曾经给我买书以及带我去吃龙虾晚餐。

当然，我也没有忘记我们之间曾经发生的超过44年的分歧，为此，我们曾经都很恼火，失望甚至互相诅咒。但是那些日子似乎都是很久以前的事了。如今，我很想为我18岁时曾经用拳头袭击他的眼睛而向他道歉。

虽然我是这么想的，但是我说的却是："我很抱歉我曾经跳过你的敞篷车顶。"

"哦，那时你还只有6岁。"他哧哧地笑着说。

我连忙接着说："您还记得以前在蟋蟀俱乐部的时候，当我想喂一头驴子糖吃，而您拍了拍它的屁股，它却用蹄子踢您的事吗？"

"哦，我当然记得，"他笑了起来，"那该死的畜生正踢在我的膝盖上。可你却总是认为那很有趣。"

"啊，还有，您还记得那些船吗？您曾经带我乘坐它们在海上航行。"我

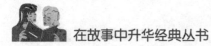

又补充说。

"嗯，是的，我记得那些船。"他悠悠地说，"孩子，你真的把我又带回到了过去。"

"我非常喜欢那些船。"我说。

"但是，我还是没能说服你成为一名海军士兵。不过，你最终成了一名海军陆战队队员。"

我没吱声。

"然后，我们乘飞机来到了加利福尼亚，"他继续说，"在你前往越南之前与你告别。"

"当时，我们住在纽波特旅馆。"妈妈在另一端插话道。

"我记得那个星期天的晚上，我还必须要乘直升机离开洛杉矶。"他继续说，"你送我来到直升机停机坪，我们握手告别。当时，你穿着海军陆战队的制服……"说着说着，爸爸的声音哽咽了，"我不知道我还能不能再见到你。在直升机上，我哭了。你不知道，你的离去，把我的心都快撕碎了。"

"我知道，爸爸。"我感到我的喉咙仿佛被什么东西堵住了，说不出话来。

"我们天天都为你祈祷，"他说，声音颤抖着，"天天都盼望着你的来信。"

"我也一样，爸爸。"我对他说，泪水禁不住湿润了我的眼睛。我咽了口唾液，清了清喉咙。哦，看来我们的情感马上就要失控了，我想。"爸爸，我打电话给您是要祝您父亲节快乐的。"终于，我控制住了我的感情，微笑着说："谢谢您，爸爸！做您的儿子我感到很幸运，很自豪！谢谢您是我的父亲！"

父亲静静地听着我的述说，默然无语。妈妈也沉默不语。此刻，那长长的电话线里安静极了，仿佛连一根针掉在地上都能听见。

良久，父亲才平静地说："我希望我做得很好。"

"您的确做得很好。"我说。

"不，那不是事实，我并不像你说的那样好。不过，我希望我是像你说的那样。"他满怀歉意地说。"现在，我要挂电话了，不然，你的电话费就要猛增了。"他的声音颤抖着说。

"哦，爸爸，不要考虑话费，"我连忙阻止他说，"我爱您！"

"我也爱你。"他匆匆地说，然后，放下了电话。

这时，妈妈在电话的另一端平静地说："孩子，你应该知道你爸爸此刻的感受。"

"我知道，妈妈。"我答道，然后，我们互道再见。

挂上电话以后，我目不转睛地凝视着桌上的那张我和爸爸在缅因州拍摄的照片，泪水逐渐模糊了我的双眼……

"是的，我知道他此刻的感受。"我想。

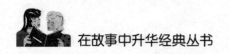
被驱出会场的公主

◇ 佚 名

有一天，前苏联儿童文学家盖达尔带着 5 岁的小女儿珍妮到少先队的夏令营营地去，为少年朋友们讲自己的童话故事《一块烫石头》。

正当孩子们都在聚精会神地听盖达尔讲故事的时候，小珍妮却旁若无人地在礼堂里走来走去，有时还使劲地踩踩脚，发出恼人的声响，想要引起别人的注意。从她那洋洋得意的神情中，似乎可以看出她心里在这样想："我像公主一样多么了不起，因为我是盖达尔的女儿！你们一个个都在听我爸爸讲故事呢！"

盖达尔看到自己女儿的所作所为，停止了讲故事，提高了嗓门厉声地对大家说："请你们把这个不懂礼貌、不守秩序的小家伙撵出去！她妨碍了大伙安静地听故事。"小珍妮没有料到爸爸会如此"绝情"，连哭带喊地撒着野，但是谁都不同情她，她硬是被工作人员拖出了会场，一个人在一间小屋里向隅而泣。

故事会结束了，孩子们对盖达尔抱以经久不息的掌声，感谢盖达尔给他们讲的动人的故事，更感谢盖达尔以自己的身教给他们上了生动的一课。就在盖达尔即将离开会场时，两个少年向他怀里塞了一本精致的笔记本，在本子的扉页上写道"赠给公正无私的阿尔卡蒂·盖达尔伯伯"。

5 岁的小珍妮想借助父亲的声望在大伙面前出风头，以示自己是名人的女儿，这种莫名的优越感若不加以遏止，会使孩子成为不知天高地厚，甚至仗势欺人的人。盖达尔对女儿的这一杀手铜将她自持不凡的娇气和优越感一扫而尽，这比要求女儿自强自立的说教要强得多。

谜　　底

◇ **张晓莉**

每晚吃饭的时候，山姆总要瞅准时机，站在自家门口，闻对门邻居餐桌上飘出的肉香，然后抽动鼻子，把香气吸进肚子里。久而久之，山姆甚至能分辨出邻居吃的是什么肉。山姆不理解邻居家的餐桌上为什么总是有鱼有肉，而自家十天半个月才能吃上一次肉。

山姆经常习惯性地吮着手指头站在门边看邻居家吃鱼吃肉，口水从手指缝流出。邻居常常会夹上一块肉放在他的手心，然后说："回去吧，回去叫你妈也买点肉吃。"有时山姆的几个弟妹也去，搅得邻居好烦。

有一天，山姆终于问妈妈："邻居的餐桌上为什么总有鱼有肉？"他想知道这个谜底。

妈妈没有回答。一个星期天，妈妈问："你今晚想不想吃肉？"山姆说："当然想，做梦都想。"妈妈说："好吧，你跟我走。"

妈妈带山姆到一家建筑工地，她向工头要了一截土方，工头在土方上画了白灰线，并告诉母亲，挖完了线内的土方，给工钱 10 美元。妈妈对山姆说："挖吧，挖完了，今晚就有肉吃了。"

山姆只挖了一会儿，手就发软，且磨起了泡，妈妈比划着说："已得一美元了。挖吧，再挖挖又得一美元。"山姆又支撑了一会儿，终于挖不动。山姆说："妈妈，这太辛苦了，我吃不了这种苦。"妈妈说："歇一下吧，你歇一下再挖。"山姆就这样歇一会儿又挖一会儿，而妈妈总是不停地挖。山姆记得那是初秋，天气仍然很热，妈妈的衣服湿了干，干了又湿，衣服上都能看到盐渍了。这么苦，山姆甚至今晚都不想吃肉了。他试探着把话说出去，妈妈说："孩子，不下苦力气，哪得世间钱？"

一天下来，母子俩终于把土方挖完了。妈妈从工头那儿领了 10 美元。这时候，山姆连走路的力气都没有了。

晚上，餐桌上摆上了香喷喷的大鱼大肉，弟妹们吃得香极了。妈妈对山姆说："孩子，我想你知道邻居餐桌上的谜底了吧。"

妈妈又说："这就叫吃苦，孩子，你知道吗?"山姆的心灵为之一震，面对餐桌上的鱼和肉，还有吃得正香的弟妹，他哭了。

那年山姆11岁，他记住了邻居餐桌上的谜底和妈妈说的"吃苦"二字。

孩子，我为什么打你

◇ **毕淑敏**

有一天与朋友聊天，我说："就是在'文化大革命'中当红卫兵，我也没打过人。"我还说："我这一辈子，从没打过人……"你突然插嘴说："妈妈，你经常打一个人，那就是我……"

那一瞬间屋里很静很静。那一天我继续同客人谈了很多的话，但所有的话都心不在焉。孩子，你那固执的一问，仿佛爬山虎无数细小的卷须，攀满我的整个心灵。面对你纯正无瑕的眼睛，我要承认：在这个世界上，我只打过一个人。不是偶然，而是经常，不是轻描淡写，而是刻骨铭心。这个人就是你。在你最小最小的时候，我不曾打你。你那么幼嫩，好像一粒包在荚中的青豌豆。我生怕任何一点儿轻微地碰撞，将你稚弱的生命擦伤。我为你无日无夜地操劳，无怨无悔。面对你熟睡中像合欢一样静谧的额头，我向上苍发誓：我要尽一个母亲所有的力量保护你，直到我从这颗星球上离开的那一天。

你像竹笋一样开始长大。你开始淘气，开始恶作剧……对你摔破的盆碗、拆毁的玩具、遗失的钱币、污脏的衣着……我都不曾打过你。我想这对于一个正常而活泼的儿童，都像走路会跌跤一样应该原谅。

第一次打你的起因，已经记不清了。人们对于痛苦的记忆，总是趋向于忘记。总而言之那时你已渐渐懂事，初步具备童年人的智慧；它混沌天真又我行我素，它狡黠异常又漏洞百出。你像一匹顽皮的小兽，放任无羁地奔向你向往中的草原，而我则要你接受人类社会公认的法则……为了让你记住并终生遵守它们，在所有的苦口婆心都宣告失效，在所有的夸奖、批评、恐吓以及奖赏都无以建树之后，我被迫拿出最后一件武器——这就是殴打。

假如你去摸火，火焰灼痛你的手指，这种体验将使你一生不会再去触摸这种橙红色抖动如绸的精灵。孩子，我希望虚伪、懦弱、残忍、狡诈这些最肮脏的品质，当你初次与它们接触时，就感到切肤的疼痛，从此与它们永远隔绝。

我知道打人犯法，但这个世界给了为人父母者一项特殊的赦免——打是爱。世人将这一份特权赋予母亲，当我行使它的时候臂系千钧。

我谨慎地使用殴打，犹如一个穷人使用他最后的金钱。每当打你的时候，我的心都在轻轻颤抖。我一次又一次问自己：是不是到了非打不可的时候？不打你我还有没有其他的办法？只有当所有的努力都归于失败，孩子，我才会举起我的手……每一次打过你之后，我都要深深地自责。假如惩罚我自身可以使你汲取教训，孩子，我宁愿自罚，哪怕它将苛烈十倍。但我知道，责罚不可以替代也无法转让，它如同饥馑中的食品，只有你自己嚼碎了咽下去，才会成为你生命体验中的一部分。这道理可能有些深奥，也许要到你也为人父母时，才会理解。

打人是个重体力活儿，它使人肩酸腕痛，好像徒手将一千块蜂窝煤搬上五楼。于是人们便发明了打人的工具：戒尺、鞋底、鸡毛掸子……我从不用那些工具。打人的人用了多大的力，便是遭受到同样的反作用力，这是一条力学定律。我愿在打你的同时，我的手指亲自承受力的反弹，遭受与你相等的苦痛。这样我才可以精确地掌握火候，不至于失手将你打得太重。

我几乎毫不犹豫地认为：每打你一次，我感到的痛楚都要比你更为久远而悠长。因为，重要的不是身累，而是心累……孩子，听了你的话，我终于决定不再打你了。因为你已经长大，因为你已经懂了很多的道理。毫不懂道理的婴孩和已经很懂道理的成人，我以为都不必打，因为打是没有用的。惟有对半懂不懂、自以为懂其实不甚懂道理的孩童，才可以打，以助他们快快长大。孩子，打与不打都是爱，你可懂得？

野菜教育的尴尬

◇ 刘吾福

城郊外的地上长着一种野菜，两三寸高，叶片只有筷子头那么大，叶片上面是毛茸茸的，顶端开着几朵桔黄色的小花。清明节前后，这种野菜就会开花，开得遍地金黄金黄的。

这种野菜可以生长半年长的时间。

璐璐的爸爸和妈妈在璐璐这么大的时候，家里很贫困，吃不饱穿不暖，璐璐的爷爷奶奶就经常摘野菜来当作粮食给全家人吃。

璐璐的爸爸和妈妈那时候就常常用野菜来充当粮食。经常吃野菜，吃得整个人都面黄肌瘦，骨瘦如柴。

那种野菜就叫"清明花"。

现在，璐璐的日子过得好极了，天天大鱼大肉，面包肯德基，还有糖啊饼啊，想吃什么就有什么吃，动不动还要在爸爸妈妈面前撒娇呢！真的是幸福极了！

璐璐的爸爸就和璐璐的妈妈商量着说："咱女儿也长这么大了，都八岁多了，已经在读小学三年级了，却从来就没有吃过苦，也不知道咱们小时候，像她这么大的时候过的是什么样的清苦日子。我看要对她教育教育，免得她生在福中不知福呢！"

璐璐的妈妈说："怎么教育呢？"

璐璐的爸爸就回答说："这个好办，赶明儿星期天，咱带着璐璐到城郊外去采摘清明花，用清明花来做菜，用清明花来做米粑子。给这孩子吃吃，让她尝尝清明花的味道，就知道咱小时候过的什么苦日子了！"

这一天是星期天，璐璐不用上课了，璐璐的爸爸和妈妈就带着璐璐，提了一个小竹篮到了城郊外，采摘了半篮子清明花。

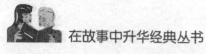

爸爸一边采摘清明花，一边对璐璐说："咱们小时候跟你的爷爷奶奶就是吃这种野菜的！"

璐璐一边采摘着清明花，一边还追着那粉红色的蝴蝶，她觉得好玩极了，并没有将爸爸妈妈的话记在心里！

回到家里，璐璐的妈妈将清明花做成了米粑子，又将一部分清明花洗好拈好炒成了一碗小菜。

在清明花粑子和清明花菜的旁边，就放了几碟子猪肉和鱼，还有白白的大米饭。然后，璐璐的爸爸和妈妈就叫璐璐用筷子夹几个清明花粑子，又夹了半碗清明花菜放到碗里。

璐璐嘴里"兹吧兹吧"地吃着清明花粑子和清明花菜，竟然吃得津津有味，根本就没有将筷子伸过去夹旁边的肉和鱼。

璐璐的爸爸一边吃一边教育璐璐，"孩子啊，咱和你妈，还有爷爷奶奶，那时节就经常吃这种野菜度日子，嗨！那样的年头啊……啧啧啧啧，真是的……"

璐璐一边吃着，一边嚷嚷着，"哎呀呀，真想不到，这清明花这么甜，这么香，这么好吃！爸——妈——你们小时候可真是幸福啊！下个星期天，咱又去采摘清明花来吃啊！"

璐璐的爸爸妈妈一听，一下子就愣在那里了！

披　肩

◇ **佚　名**

　　那是一条漂亮的披肩，看上去柔和舒适，蓝色的衬底，托着用红线编织成的图案，下摆垂着一缕缕的丝穗。它挂在小铺里，吸引着过往的行人。人们欣赏着，像是在观摩一件珍贵的艺术品。

　　凯薇每次路过那家小铺，总情不自禁地要盯着那条披肩看一会。一次，当母亲的手轻轻拂掠过那条披肩时，凯薇发现，她的眼神异样地闪烁着。在凯薇的心灵深处，一个声音在说话："妈妈需要它，那条披肩是为妈妈织的。"

　　赶集的日子又到了。清晨，凯薇跟着母亲，搭上一辆马车，带着母亲制的泥坛和酒樽，准备到集市上换一些食品和生活必需品。

　　从凯薇住的村落到集市要经过很长一段的颠簸路，一路上要穿越变幻莫测的沙漠。在沙土覆盖的灌木丛中穿行，沿途可以看到草原牧羊犬追随着那些散散漫漫的羊群。前方的道路上会突然窜过一条飞跑的蜥蜴，把蹒跚的蟾蜍远远地抛在了后面。有时，在远处的土坡上，有一只娇小的羚羊倚石翘首而立。一只孤独的老狼，垂着尾巴，不紧不慢地跑着。凯薇喜欢这一切，也喜欢赶集。

　　凯薇走进小铺，靠近那条披肩，手指轻轻地触摸着。

　　"您要买它吗，妈妈？"她急急地问。脸颊贴在柔软的羊毛披肩上。

　　"不，亲爱的，"母亲摇摇头，"我们需要的是食物，不需要它。"

　　"你需要一条披肩——喏，这条披肩，"凯薇说，"妈妈，你需要它！"

　　"不要再说了，我的女儿，我们的钱只够买食物。"

　　凯薇静静地站着，纷繁的思绪在她脑海里跳跃着："妈妈应该有那条披肩！"

母亲先把食物带回了马车。凯薇来到货主身旁，他是一个风趣的人，对她和蔼可亲。

"那条披肩要多少钱？"凯薇问道，"那条蓝色镶有红边的。"

"6美元。"

凯薇的眼神像在沉思，她的手移向自己颈部。

"看，这是我的项链，非常漂亮。当阳光照在这些贝壳上时，它们就像天一样的蓝，我——我想卖它，您愿意买下它吗？"

货主弯下腰，微笑着看了看凯薇的项链。

"是的，"他点头，"这是一条漂亮的项链，我将付两美元，如果您愿意……"

凯薇有些失望。"两美元？你看，我想换那条披肩——"她用手轻轻地摩挲着项链上粉红色的贝壳。

"噢，小宝贝，那条披肩值很多的钱，项链换不到它。"

回家的途中，凯薇无心再看那些小蜥蜴、野兔和草原牧羊犬，也不再留恋那些美丽低伏的苜蓿草和仙人掌丛。她默默无语，思考着怎样才能挣到足够的钱，买回那条美丽的披肩。

她要花费很长时间，才能织出一小块布，那是一位老人教她的。她也跟母亲学过制陶，可手艺还不够好。现在的季节，还不能采摘桃杏。她没有什么可拿去换钱的——除了那条心爱的项链。

当凯薇和母亲再一次来到那家小铺时，凯薇急不可待地搜寻着那条披肩。它已不见了！她感到心脏像是停止了跳动。披肩已卖出去了！热泪在刺灼着她的眼睑。

"它已经卖出去了吗？"她用难以抑制的颤抖的语气问货主，"那条漂亮的披肩，它已经卖出去了吗？"

货主迷惑地望着凯薇。

"披肩？"他问，随即，像记起了什么似的，他的眼神立刻闪烁着光彩，"不，它还在这儿，您想要吗？"他笑着问。

一个念头在凯薇的心头一闪而过。

"是的，我想买下它，我妈妈需要它。但是，我现在没有钱，钱不够，瞧——"她用颤抖的手解下项链，把它放在货主的手心里，"等我下次再带些别的东西来，您能为我先保留这条披肩吗?"

她的声音，她的眼神，都表达了她的期盼。货主的眼里流露出一份诧异，他把手轻轻地放在凯薇头上。

"告诉我，你多大了?"

"7岁，妈妈说的，——是的，她告诉我，7岁。"

"噢，"货主凝神地说，"我的小女儿也该有7岁了。"

"我为你保留这条披肩，孩子。"说完，他转身与另一些顾客打招呼。

凯薇走回马车，兴奋得要飘起来。那条披肩将属于她! 那条柔软的羊毛披肩披在妈妈的肩上，红色的丝穗闪亮着，多美啊! 她为自己感到骄傲，那是她买的。

接下来的一个月非常忙碌，也非常兴奋，凯薇常常背着母亲藏匿什么东西，有时还独自一人去沙漠。

赶集的日子终于又到了，凯薇递给货主一只装有野蜂蜜的坛子。她的心扑通扑通地跳得厉害。她没说是如何弄到这些蜂蜜的，也没露出那双被蜜蜂蜇得伤痕累累的胳膊，可她的语气里透着一份骄傲。

"先付这些，下次我再带些别的。"她不明白今天货主为何如此奇怪，他顾不上与她说话就与站在附近的一个陌生人小声说着什么。最后他转过身来对她说："我这里还有许多别的披肩，这位先生已经把那条蓝色的披肩买下了。"

这话在凯薇的耳边震荡着——她的披肩——她心爱的披肩——已在这位陌生人手里! 她一言未发，泪水无声地涌上眼眶，滑落到地上。她冷冷地看着那位陌生人夹着包裹，走出门外。

凯薇茫然地走出小铺，风暴般的愤怒和忧伤充斥着她的心。可是她没有哭，只是安静地走着。

不知过了多长时间，她回到了家。母亲招呼凯薇，递给她一只包裹。

"拿着这个，孩子，一个陌生人说是你买的。你用什么买的?"

凯薇的眼睛瞪得大大的，这究竟是怎么回事? 那只包裹裹着一层白纸，柔软得像一个襁褓。凯薇顾不上细想，急切地撕开了那张纸。是披肩——她的披肩! 里面夹着一张纸，用墨水写了几排字，凯薇吃力地读着，现在她真希望能在教会学校里多听几堂课。

"你有一颗纯洁的心，孩子。这是你给母亲的礼物，也是我给你的一份礼物。祝你快乐!"

披肩的一旁搁着她的贝壳项链。

凯薇紧拥着那条披肩,她哭了。她的母亲——还没明白是怎么回事。是货主还是陌生人给了那条披肩?凯薇不知道,但她明白了一个秘密:他们都有一颗和她一样的心!

乌鸦父子

◇ 列夫·托尔斯泰

在大海的中央有个小岛，一只乌鸦就在这里筑巢。小岛很小很小，在雏鸦破壳而出后不久，乌鸦便无法为自己和雏儿觅得足够的食物，于是老乌鸦便决定回到大陆。

乌鸦用爪子抓住一个雏儿，带着他飞越大海。然而，路途遥远，老乌鸦飞得很疲倦，他慢慢下降，翅膀拍打得也越来越慢。

老乌鸦问小乌鸦："要是我变得衰老不堪，而你却长大成人，强壮有力，你会不会照顾我，把我带来带去？你把实话告诉我！"

小乌鸦很快地回答道："我会照顾你的，爸爸。"因为他怕老乌鸦会把自己丢在大海里。

乌鸦继续飞行，可他越飞越累。

"我的儿子没说实话，"他想。于是松开爪子，雏儿便跌落下来。小乌鸦跌落于波涛之中，立即淹死。老乌鸦又飞回小岛。

他养精蓄锐，再次感到强壮之时，又携带他的第二只雏鸦飞越大海。可他又飞累了，累得几乎无法振翅飞翔了。

他又对第二个雏儿提出同样的问题，而这第二个雏儿也由于怕被淹死而不假思索地回答道："我会照顾你的，爸爸！"可他的爸爸不相信他。在老乌鸦筋疲力尽之际又松开了爪子，他的第二个孩子也葬身于大海之中。这样在小岛的窝中就只剩下一只小乌鸦了。老乌鸦携带他的最后一个雏儿飞越大海。

"儿子，"他问道，"我老了，你会照顾我吗？"

"不，爸爸，我不会这样做的。"小乌鸦回答道。

"那为什么呢?" 老乌鸦问。

"要是你老了,我长大了,我会有自己的窝,要养活和照顾自己的雏儿。"

"他说的是实话," 老乌鸦想,"他要筑自己的窝,养育自己的孩子。"

老乌鸦用尽最后的力气往高处飞翔,拍打着翅膀,带自己的雏儿飞越波涛汹涌的大海,稳妥地来到了陆地。

爱的力量

◇ ［美］乔安·克雷顿

　　在开学的前几天，玛丽在她母亲的陪同下到学校来报到。她披着一头像瀑布般金黄色的头发，大大的蓝眼睛，长长的睫毛，看上去是个健康漂亮的姑娘！但没过一会儿，问题便来了：我跟她母亲的谈话总是被她不停地打断，她的精力异常充沛，好像一点都不觉得累。她母亲告诉我玛丽在接受多动症和哮喘的治疗，每天午饭过后要服用一粒药丸。

　　玛丽的母亲同意把药放在我的办公室里，我负责提醒玛丽每天在午饭后到办公室吃药。这位母亲还热情主动地要求当班上的"班级妈咪"，我也为此感到高兴。

　　接着是新学期的第一天。

　　玛丽连跑带跳进教室门的时候把自己的文具袋、写字板、各种笔、发圈、橡皮、笔记本等弄掉一地。以至于每当我转过身去都担心其他孩子趁我不注意会爬到桌子底下，去拾起玛丽丢的小玩意来当作他们的战利品。

　　轻言细语对玛丽来说简直就是奢望。她总是时不时地，不假思索冲口而出她的想法："这道题的答案是……嗯……一，不，是二……哦不，是三……对，是三……哦不，是……"

　　她喜欢用橡皮使劲擦作业本。一张纸擦坏了就接着擦第二张，第三张，第四张……

　　有一天，我彻底被激怒了，对办公室秘书大声抱怨道："不是说玛丽在接受治疗吗？我怎么一点都没看到她好转？那些药真是一点用都没有！"

　　"什么药？"秘书问我，"她从开学以来一次都没来吃过药呀。"

　　"我每天都在她吃完午饭后提醒她来吃药，"我争辩道，"而她每次回来的时候都跟我说她吃了。"

从那以后，我开始找我信任的孩子在她吃药的时候陪同她。但即使玛丽恢复了治疗，我依然每天都要面对玛丽的爆发。

一天，在一连串的轻声提醒、冷处理和严厉训斥等方式都用尽后，我气得停止了讲课，然后说道："这样吧，玛丽，你到讲台上来，来呀，你想说什么上来说个够，想晃动就上来晃动个够，我们都看着你，等你折腾够了我们再继续上课!"

在以前，这样极端的方式对于那些好动的学生我都屡试不爽。他们都会特别难为情、特别尴尬地站在讲台上一言不发，恨不得立马回到座位上去好好听讲。

但对玛丽，我这招算是遇到克星了。一开始，她一边跳上跳下，一边咆哮着模仿被困在笼子里的熊。接着她用拳头使劲捶打课桌，学猿人泰山的声音高声尖叫。其他的学生都被玛丽逗笑得东倒西歪，玛丽却以此当作鼓励，闹得更加带劲了。10多分钟的"滑稽表演"在我的愤怒制止下宣告结束。这个小女孩比我想象的聪明多了。

接下来的几个星期，我试着在一切可能的时候给予她表扬和奖励来刺激她作出正确的行为，但依然毫无用处。

在另一个恼人的一天结束后，我解散了学生们，自己瘫坐在椅子上，自言自语："我真是太失败了。我尝试了所有办法，可为什么一种都不奏效？为什么？上帝呀，帮帮我，让我教育好这个孩子吧！我漏掉什么好方法了吗？难道有什么地方出错了吗？"

我在筋疲力尽中睡去。一觉醒来后，我的挫败感和疲乏在瞬间消失了。接着我的脑子里突然跳出两个清晰的字："爱她!"

其实我很早就意识到并总结出一条道理——那些最难让我们爱上的孩子事实上是最需要爱的孩子。很多时候孩子们做出各种各样让我们难以理解的事情，但在他们的潜意识里，他们仅仅是希望获得大人们的关注。

我想我从一开始到现在都是爱玛丽的。然而由于我时时刻刻都在琢磨着如何教育她，想尽一切办法要把她从"不正常"改造成"正常"，从"不听话"改造成"听话"，我把爱放到了第二位。我问自己，教育孩子难道是以教育为主吗？我醒悟了，不，教育要以爱为主，教育为次。只有爱才是世上最伟大的力量。从明天起我要这样去做!

第二天早上，我充满期待地来到学校。上课前，玛丽还是一如既往连蹦

带跳地进入教室，一副永不安静的样子。我递给她一张用来做听写练习的纸，她拿着纸学着青蛙的样子跳回到座位上，然后开始在纸上边写边大声拼念出阴阳怪气的话。一部分同学又嬉笑起来。可她身边却有人觉得反感，有的用手指塞着耳朵，有的轻蔑道："小丑。"有的甚至抱怨："你出去说好不好?!"

玛丽的脸顿时一阵红一阵白，显得十分尴尬。

"玛丽，请到我桌子旁边来。"我温柔地说道。

她故作满不在乎还是两次单脚跳，一次双脚跳地来到我讲桌旁。她那表情似乎在说，你能把我怎么样?

我让她坐在我的身旁，轻轻抚着她的肩膀，"玛丽，老师一直在观察你，发现你很有表演天赋。你能为《狐狸的故事》当主角吗?"（班上一直想排这个节目，却苦于没有优秀演员）。

她惶惑地望着我，那目光渐渐为友好和默认。她向我点了点头。

我把我这当机立断的创意向全班同学宣布，开始大家面面相觑，接着都不约而同地赞同了我的提议。

我为玛丽感到高兴，将她抱进怀里，心里默念着："玛丽，我爱你，老师是爱你的!"这个时候的玛丽显得异常的安静和规矩。其他的孩子在此刻也出奇地懂事，他们静静地看着眼前的这一切，好像在用他们的方式爱着玛丽，为玛丽祈祷。

一个星期以后，我在走廊上碰到了我们班的阅读课老师，她一脸惊喜地跑过来，开口便问："你班上的玛丽出什么事了? 她好像变了个人似的。"

……

如今已是春光明媚，去年秋天的日子已被贮存在我记忆的深处。如今已没有谁能看出，这个漂亮的金发姑娘在上学期还是个不被老师们欢迎的"问题小孩"。她的一举一动都正常无比，除了有一天在课堂上她原本该回答一道问题，却大声说了一句："老师，我也爱你!"

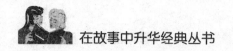

遇到雁子

◇ 子 雁

下午放学后，杰克独自一人坐在学校旁空地上看书的时候，一只雁子挥舞着翅膀"吧嗒吧嗒"地停在杰克面前。

杰克放下手中的书本，看着低头整理羽毛的雁子说："雁子啊，我好羡慕你有对翅膀，可以飞到任何你想去的地方。我就不行了，如果没有交通工具，没有公交车，没有火车，我哪里都去不成。你知道吗？我到现在还没搭过飞机呢。"

雁子停止整理羽毛的动作，抬起头看着杰克说："亲爱的男孩，在天空飞翔并不见得想到哪里就可以到哪里啊。我必须先知道自己想去哪里，要去哪里。有时候，漫无目的地飞令我感到厌倦。这种时候，我就想要有个自己的家，跟你一样，可以好好休息，好好睡觉。可是，这是没办法完成的愿望，雁子生来就得随着季节迁徙。"听到雁子说话的声音，杰克怔了一下，他怀疑是不是自己听错了。

但是，跟雁子说话是个难得的机会，他顾不了心里的疑问，笑着继续对雁子说话。

"雁子，你知道吗？虽然你这样说有道理，但我还是羡慕你。我梦想有翅膀，可以在蓝色的天空飞翔。我不喜欢学校的规定，不喜欢爸爸妈妈给我的规定，那些东西都不是我想要的。我有自己的想法，但他们老是告诉我这个不能做，那个不能做。不像你，可以不用管这些无聊的规定，自由自在地飞着。"

雁子抖抖自己的身体，轻声地说："小男孩，并不是有了翅膀你就会成为雁子或者天使，然后可以照着自己的想法去做一切的事情。如果有了翅膀就可以是雁子或天使的话，那你去买一件附有翅膀的衣服就可以了。"

"如果你想跟雁子一样，自由自在地飞，你就必须舍弃很多东西，你必须舍弃你的父母，你的朋友，舍弃你温暖的家。下雨的时候，你只能躲在树林里、草丛中，还得提防周围的危险。说不定睡觉的时候，会有狡猾的狐狸跳出来咬你一口呢。"

"真的有那么危险吗？"杰克有点沮丧地问。

"有的。来到这里之前，我刚刚从一只狐狸的嘴中脱逃呢。大自然还是有它的法则存在的喔。我必须了解大自然的法则，必须遵守大自然的法则，该飞的时候就飞，该休息的时候我就休息。"

"就算你真的舍弃了你的父母，你的同学，你温暖的家，你必须遵守大自然的法则。与其在这里羡慕雁子，小男孩，你不如想想看，怎样才能在你的生活里得到乐趣，怎样才能让自己过得快乐。只有真的可以从生活中找到乐趣的人，才是真的自由自在，不受牵绊的。"雁子转转她优雅的脖子说。

"我不懂。有那么多的规定，我怎么可能过得快乐呢？"杰克放下手中的书本，走到雁子面前。

"对，就是要在那么多的规定中找到你自己可以快乐的方式，你才会真的快乐。就像你在这里看书，你觉得快乐吗？"

"快乐啊。我好喜欢看书，每次看书都会让我觉得快乐，让我觉得我好像跟书中的人物一起过了个愉快的下午。"杰克兴奋地点点头。

"是啊，小男孩。你在许多的规定中生活，但是，你还是可以找到可以让你自己快乐的方式，不是吗？这样的快乐才是真实的喔！不要羡慕雁子了，雁子也很羡慕你的呢。"

天空在这时候起了风，云飘得很快。雁子抬起头看看天空，杰克也跟着雁子看着天空。

"天空很宽广没有边际，但也存在着许多危险。小男孩，你可以去探险，但别忘了要让自己安全，要让自己快乐。"

"嗯，谢谢雁子，我想我知道了。"杰克伸手摸摸雁子的头说。

"该走了，希望有机会可以再跟你见面喔。小男孩，你叫什么名字呢？"

"我叫杰克。雁子呢？"

"雁子没有名字，也不需要名字。我走了，希望有机会再看到你。再见了。"说完后，雁子拍拍翅膀，又"吧嗒吧嗒"地往天空飞去。这时候的天空，已经被夕阳染成美丽的橘红色。

　　看着雁子愈来愈小的身影，杰克问自己，刚刚雁子真的说话了吗，还是只是我的自言自语呢？

一个矿泉水瓶

◇ 张其纲

不久前，我有幸在美国参观了世界上最大的瀑布，位于美国纽约州与加拿大交界处的尼亚加拉大瀑布。宏伟壮丽的奇观，无疑是大自然的神奇杰作，数公里长的瀑布从峭壁悬崖上飞泻而下，翡翠般的小水珠在阳光照射下，形成了无数条绚丽多姿的彩虹，令人惊叹和陶醉。

正当我们全神贯注地欣赏这优美景色的时候，小孙子把一只喝完的空矿泉水瓶，扔进了悬崖下的深谷。他的这一举动并没有引起大家注意，只是紧紧地抱着他，指点着美丽的彩虹。

突然，我们发现在瀑布下的急流里，有一只快艇，劈波斩浪穿梭飞驰，好像在追逐什么。瀑布下浪高风大，快艇随时都有被掀翻倾覆的危险。这时导游说："大家不要往下扔东西，你们看那快艇上的两位环卫工人，冒着危险，正在打捞一只矿泉水瓶，他们真不容易。"我们的脸顿时红了，那只矿泉水瓶正是由于我们监管不严，小孙子随手扔下去的。此时，我们无地自容，除了自责和内疚外，毫无办法。

那两个勇敢的工人，拣起了瓶子，连同快艇一起被升降机提升到岸上，他们微笑着，毫无追究责任和兴师问罪之意，这种宽容和大度使我们更加难受。

我不好意思地走进他们，指着矿泉水瓶，用结结巴巴的英语说："先生，能把它送给我们做纪念吗？"工人们不解其意诧异地问："为什么？"我回答道："非常抱歉，那瓶子是我们的孩子扔下去的，我们将永远记住，文明是人类共同的美德。"

回国后，当我们看见那只陈列在家庭文物橱窗里的矿泉水瓶的时候，就想起那次难忘的旅行。

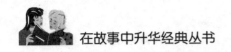

眼睛与大脑的距离

◇ 佚 名

有两个孩子从家中偷了一些水果和奶制品，跑到野外去玩。那时还没有保存食物的方法，看着吃剩的食物在阳光下坏掉，他们没有一点儿办法。

后来，两个孩子上了中学，他们依然是好朋友。一次，沿着冰封的湖畔散步，那个叫图德的孩子突然说："还记得咱们从家里偷东西出来吃的事吗？"另一个孩子说："当然记得，只可惜剩下的食物都坏掉了！"图德指着湖面问："看见那些冰了吗？"另一个孩子说："这里的冬天到处都是冰，没有什么大惊小怪的。"图德兴奋地说："为什么不把这些冰收集起来，运到炎热的加勒比海的一些港口去销售呢？"那个孩子嘲笑他说："别傻了，冰到了那里早化成水了！"可图德的目光依然注视着湖面上的冰。

几年后，也就是 1806 年，21 岁的图德再次找到当年的朋友，想让他和自己一起做卖冰的生意，可朋友再次拒绝了他，并劝他别异想天开。后来，在别人的资助下，图德花了一万美元将 130 吨冰用船运往酷热的马堤尼克岛。

此后，图德在 15 年的时间里，把冰的生意做成了世界行业，在船所能到达的地方，造成了人们对冰镇饮料、冰藏水果和冷藏肉类的需求。

到了 1858 年，图德把 15 万吨冰先后装上了 380 条大船运往美国、中国、菲律宾和澳大利亚等 50 多个国家和地区，而图德也因此成为世界冰王和亿万富翁。图德的做法给科学家们以启发，终于引出了冰箱的问世。当年那个朋友却依然过着普通的生活，他没想到那些被他忽视的冰，会成就一个人的梦想。

天才与常人的区别也许就在于一双眼睛和一颗心。对于一些事物，有些人只能看到表面，想到当前，而有些人却能看到内涵，想到以后。擦亮你的眼睛，敞开你的心灵，去迎接生命中的每一个机会，相信你一定会迎来成功的曙光。

路透生还钱

◇ 佚 名

路透社的创始人保罗·朱利叶斯·路透生，出身于德国的一个普通犹太人家庭，很小的时候，他就失去了父亲，家里生活很贫苦。

路透生的叔叔开设了一间银行，路透生很小就在叔叔的银行里跑腿，赚点零用钱。虽然路透生年纪不大，但却很能干。一天，银行派路透生到数学家高斯家里取款，当路透生拿着钱回到银行仔细清点钱款时，发现高斯竟多给了 300 马克。300 马克对于小路透生来说，可是一笔天文数字啊！

路透生心里非常着急，他匆匆地跑回高斯家，对高斯说："先生，真对不起，你给我的钱数错了……"

高斯正忙着演算数学公式，他连头都没有抬，便打断了路透生的话："我是数学家，就这么一点儿小数目，我能算错？我已经把钱交给你了，你现在才跑来跟我说数目不对……"高斯以为路透生是来跟他说钱少给了呢！

路透生非常无奈，但他还是耐心地回答："好吧！既然这样说，你多给的 300 马克我就不用还你了。"

高斯听了路透生的话，连忙放下手中的笔，多了 300 马克？这个小男孩竟然还把钱还回来！当路透生把多出来的 300 马克还给高斯时，高斯竟像一名小学生，真诚地向这个"老师"道了歉。诚实，让路透生和高斯成了忘年交，并且为路透生今后的人生埋下了良好的种子。

30 年后，这个出生普通的小男孩，一跃成为英国第一家报刊通讯社的创始人，并且引领了整个欧洲的新闻事业。

天真、淳朴是儿童最可贵的品质。每个孩子天生都是诚实的，如果孩子后来变得爱撒谎，说明孩子后来所接受到的教育有问题。

　　其实很多时候，孩子并不是故意在撒谎，他只是想满足一下自己的虚荣心，你可不必太在意。但如果孩子经常这样说，你就要注意孩子是不是养成撒谎的毛病了。

成功没有时间表

◇ 蒋　平

俗话说：人过四十，天过午。如果一个人年过半百，还会迎来事业、爱情的第二次辉煌吗？在常人眼里，这几乎是不敢想象的事。但有一个人却做到了，而且她还是一个女人。

这是一名德国人，出生在一个商人家庭，自小喜欢上演员这个职业。20岁那年，因为天生丽质加杰出的演技，她被当时的纳粹头目相中，"钦点"成战争专用宣传工具。几年之后，德国战败，她因此受到牵连，被判入狱4年。刑满释放之后，她想重回自己喜爱和熟悉的演艺圈。然而，尽管她才华横溢、演技出众，由于历史上的污点，主流电影媒介处处对她小心提防、敬而远之，大好的金色年华就这样付之东流水。一晃十几年过去，她的身份，仍然走不出刑满释放囚犯的影子，没人敢起用她，没人敢收容她，甚至没人敢娶她，年近半百，她依然独来独往、形单影只。

她的50岁生日就这样悄然而凄然地来到。那一天，她大醉了一场，醒来之后，突然作出了一个谁也想不到的决定：只身深入非洲原始部落，采写、拍摄独家新闻。这之后的两年，她克服重重困难，顶住心理、生理上的巨大压力，拍摄了大量努巴人生活的影集，这些照片，一举奠定了她在国内摄影界的地位。

她的奋斗精神和曲折经历深深吸引了一位30岁的小伙子，他和她是同行。共同的兴趣和爱好让他们超越了年龄隔阂，抛开外界舆论走到了一起。在接下来的近半个世纪的时光里，他们远离人间的一切是是非非，用理解和真爱，出入战火和内乱交困的非洲部落，深入大西洋海底世界探险，书写了一段浪漫而美丽的爱情。

为了使自己的拍摄才华与神秘的海底世界融为一体，在68岁那年，她开始学潜水。随后，她的作品集中增添了瑰丽多彩的海洋记录，这段海底拍摄生涯一直延伸到她百岁高龄。最后，她以一部长45分钟的精美短片《水下世界》写下了纪录电影的一个里程碑，也为自己的艺术生命画上了一个圆满的结尾。

这位充满传奇色彩的女性，就是被美国《时代周刊》评为20世纪最有影响力的100位艺术家中唯一的女性，她的名字叫莱妮丽劳斯塔尔。她以前半生失足、后半生瑰丽的传奇经历告诉人们：成功没有时间表，只要时刻保持自信和奋斗的雄心，生命的硕果就会永远如影相随。

他偷了两美元

◇ **佚 名**

美国人有个习惯，星期天去教堂听牧师讲道，松弛一下平日绷得太紧的神经，净化自己的心灵，从烦恼中解脱出来，好让新的一周有一个新的开始。

因此，每到星期天，当镇上的教堂钟声响起，人们便会陆陆续续地朝着教堂走去。牧师是这里的主角，他负责讲解那些诸如为什么事情募捐、不要大声吵闹、不要爱发牢骚、不要背后说别人坏话、不要歧视弱者、不要逃税、要爱清洁、爱思考、爱谦让、爱护公物等主题。虽然牧师讲述的都是上帝的旨意，但却是每个人能听得懂的浅显道理。当然，并不是所有的人都会去教堂听牧师布道，但是几乎每家都有信教的人。一人影响多人，一代传授一代。

当然，在众多的牧师中，也会因为演讲的水准而分上、中、下三等。这主要在于牧师的演讲技巧如何。就像美国著名的幽默作家马克·吐温，有一次在教堂听牧师演讲，刚开始的时候，他看着牧师站在那里手扶讲台滔滔不绝，不仅演讲的内容十分丰富，而且牧师的肢体语言也表达得淋漓尽致。

于是，马克·吐温觉得在募捐的时候，自己一定要比别人多捐两倍，来表示自己对这位牧师的尊重和支持。

然而，牧师在那里已经讲了四十多分钟，却依旧没有要结束的迹象。这让马克·吐温有些不快。又过了近三十分钟，牧师的演讲依旧没有结束。马克·吐温有些生气了，觉得他这样做只是在耽误大家宝贵的时间。于是，他决定在募捐的时候，只捐一些零钱。

又过了十分钟，牧师还没讲完，于是马克·吐温生气地决定，自己一分钱也不会捐，真是太过分了。结果，又过了很长一段时间，牧师终于结束了冗长的演讲，开始募捐了。当牧师端着募捐箱来到马克·吐温面前的时候，由于气愤，马克·吐温不但一分钱未捐，而且，他还从箱子里偷了两美元。

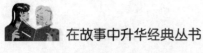
　　这种刺激过多、过强和作用时间过久而引起心理极不耐烦或反抗的心理现象，称之为"超限效应。"重复、冗长地讲解一件事情，会使人从最初的接受到不耐烦，最后产生反感、讨厌的反抗心理和行为，生活中屡见不鲜。上司一日多次的教训，妻子没完没了的唠叨都会使对方产生反感和叛逆的心理。

　　在家庭教育中超限效应也时常发生。如：当孩子不用心而没考好时，父母就会不厌其烦地重复对一件事作同样的批评，甚至把不相关的事情也牵扯出来唠叨，使孩子从内疚不安到不耐烦至最后产生反感、讨厌。被"逼急"了，就会出现"我偏要这样"的反抗心理和行为。可见，家长对孩子的批评不能超过限度，应对孩子"犯一次错，只批评一次"。如果非要再次批评，那也不应简单地重复，要换个角度，换种说法。这样，孩子才不会觉得同样的错误被"抓住不放"，厌烦心理、叛逆心理也会随之减轻。同样，频繁、廉价的表扬也会适得其反的。

想想十年后的自己

◇ 周　迅

十八岁之前，我是个不知道自己想要什么的人，那时我每天就在浙江艺术学校里跟着同学唱唱歌、跳跳舞。偶尔有导演来找我拍戏，我就会很兴奋地去拍，无论多小的角色。

如果没有老师跟我的那次谈话，也许直到今天，仍然没有人知道周迅是谁。

那是 1993 年 5 月的一天，教我专业课的赵老师突然找我谈话："周迅，你能告诉我，你对于来来的打算吗？"

我愣住了。我不明白老师怎么突然问我如此严肃的问题，更不知道该怎么回答。

老师问我："现在的生活你满意吗？"我摇摇头。

老师笑了："不满意的话证明你还有救。你现在就想想，十年以后你会是什么样？"

老师的话音很轻，但是落在我心里却变得很沉重。我脑海里顿时开始风起云涌。沉默许久，我看着老师的眼睛，忽然就很坚定地说："我希望十年后的自己成为最好的女演员，同时可以发行一张属于自己的音乐专辑。"

老师问我："你确定了吗？"

我慢慢地咬紧着嘴唇回答："Yes"，而且拉了很长的音。

老师接着说："好，既然你确定了，我们就把这个目标倒着算回来。十年以后，你 28 岁，那时你是一个红透半边天的大明星，同时出了一张专辑。"

"那么你 27 岁的时候，除了接拍各种名导演的戏以外，一定还要有一个完整的音乐作品，可以拿给很多很多的唱片公司听，对不对？"

"25 岁的时候，在演艺事业上你就要不断进行学习和思考。另外在音乐方面一定要有很棒的作品并开始录音了。"

"23 岁就必须接受各种培训和训练，包括音乐上和肢体上的。"

"20 岁的时候就要开始作曲，作词。在演戏方面就要接拍大一点的角色了。"

老师的话说得很轻松，但是我却感到一阵恐惧。这样推下来，我应该马上着手为自己的理想作准备了，可是我现在却什么都不会，什么都没想过，仍然为小丫鬟小舞女之类的角色沾沾自喜。我觉得有一种强大的压力忽然朝自己袭来。

老师平静地笑着说："周迅，你是一棵好苗子，但是你对人生缺少规划，散漫而且混乱。我希望你能在空闲的时候，想想十年以后的自己，到底要过什么样的生活，到底要实现什么样的目标。如果你确定了目标，那么希望你从现在就开始做。"

一年以后，我从艺校毕业了，老师的话从那天开始一直刻在了我的心底：想想十年后的自己。是的，当我意识到这是一个问题的时候，我发现我整个人都觉醒了。

从学校毕业后，我忙于接拍各种各样的影视剧。我始终记得，十年后我要做最成功的明星，所以对角色我开始很认真地筛选。后来我拍了《那时花开》，拍了《大明宫词》，我渐渐被大家接受，也慢慢地尝到了成功的快乐。

2003 年 4 月，恰好是老师和我谈话后的十周年，我不知道这是偶然还是必然，我居然真的拥有了属于自己的第一张专辑——《夏天》。

其实你也和我一样。如果你能及时地问自己一句："十年后我会怎么样？"你会发现，你的人生就会在不知不觉中发生变化。时刻想着十年后的自己，你会朝着自己的梦想越走越近。

从低处开始

◇ 佚 名

在世界登山运动史上，被称为登山"皇帝"的梅斯纳尔创造了前无古人的壮举。他登临了 14 座 8000 米以上的高峰，更值得一提的是，他是唯一真正单人、不携带氧气设备，在季风后期攀登珠穆朗玛峰的人。

外人看来，梅斯纳尔每一次攀登，都是危机四伏的"死亡之旅"。在海拔 8000 米的高度，人类的生理机能将会发生紊乱，继续向上攀登，大多数普通的登山者会因为空气稀薄而死亡。令人不可思议的是梅斯纳尔不借助任何设备，把那些神秘莫测、险象环生的世界高峰轻松地踩在脚下。

在梅斯纳尔之前，那些登临高峰的人们，无一例外携带一套又一套繁重的登山绳索和氧气瓶之类，并逐步建立高山营地，借助众多身强力壮的当地向导。但是在梅斯纳尔的登山生涯中，他依靠的仅仅是自己。由此，人们又不无疑问：梅斯纳尔何以能够依靠的仅仅是自己？

梅斯纳尔和他登山的方式令登山爱好者们着迷。是不是梅斯纳尔独赋异禀？瑞士医生奥斯瓦尔多·奥尔兹通过测试认为："与一般登山者相比较。梅斯纳尔的生理机能并没有任何超常之处。"

无数人从不同的角度探寻着梅斯纳尔成功的秘诀，最终还是梅斯纳尔自己揭开了谜底。梅斯纳尔的秘密就是：从低处开始。一般的登山运动者目标选定之后，为了保存体力，都会选择乘直升机抵达山前的最后一个小镇，成与败的关键恰恰在此。直接乘直升机抵达大本营对于身体的调节是不利的，这种看似直达目的地的方式，忽略了身体机能与环境磨合的契机。与此相反，梅斯纳尔坚持徒步到大本营，从低处就开始调节身体，调节呼吸的节奏来应对空气密度的改变。选择低处作为出发点，正是梅斯纳尔独特的经验和智慧。

从低处开始，是登高必不可少的环节。注重抑或忽略环境将成为成功与否的推手或瓶颈。从低处开始，不仅仅是规则，更重要的是心态。

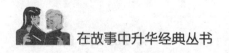
等你长大

◇ 刘新清

农村的孩子没什么玩具，没有玩具，他们也玩得很快乐。

强强就是一个农村孩子，今年上五年级。他们玩的好几天都一个花样儿。前一段时间班上的孩子都玩丢沙包，而这几天又把兴趣转移到弹弓上。前几天这群男孩子还跟女生掺和着"跑城"，而现在哪个男生要再往女生堆里扎，那一定会被耻笑的。当然，玩儿弹弓老师是禁止的，因为经常有孩子射破玻璃。然而，就是这样，班里的男生差不多人手一个了，为了躲避老师的搜查，有的放到裤筒里，有的埋到放学路旁，还有的塞到草垛里……反正是五花八门的，那可是他们的宝贝。

在这些弹弓里面，最漂亮的要数刘明的。气门芯的皮带牛皮的包，特别是那弹弓架简直精致极了——是用一个树杈削成，上端两个杈的位置用细铜线精心的缠着，把儿上用的是彩色的头绳缠了好几道颜色。谁看了这么精致的弹弓不喜欢啊！就连强强也不免动心了。

按理说像强强这样的好学生是不应该被吸引的，因为老师曾不止一次地夸奖他勤奋好学、听话懂事。然而，这次他还是被深深地吸引住了，即使这样，强强还是在表面上尽量保持不热心的样子。

星期天，强强照例又要给牛去割草。本来是该休息的，但他不能。因为自从爸爸去世后，强强就是家里唯一的男人了，妈妈每天除了支撑这个家之外，还要照顾瘫痪在炕的奶奶。因此，一有时间，强强就尽量帮妈妈干活。

强强提着袋子拿着镰刀，独自往村外走。村口有几个孩子正在用弹弓打瓶子。不远处土台子上面放着一个瓶子，而在孩子们的脚下边，歪歪斜斜地画着一道横线。他们一个轮流来射瓶子，每人连射三下。这时有一个孩子连射了三下都没有中，于是又耍赖多射了一下，其他的几个，都大喊"不算"。

他依然没射中，引来了一片哄笑声。"真笨！"强强在心里想："要是我的话早中了……"强强没有等到他们打完就走了。小伙伴们喊："强强，再玩儿会儿，我让你玩儿我的……"强强心里很想回去，但他却觉得不能接受这样的施舍。

这样想着，强强闷闷不乐地走出了村子，朝着河边走去。河边上种着几棵柳树，粗壮的树干上，密密麻麻的树枝如同触摸天空的手指。强强有些失落地走着，手里的镰刀来回地撩动着路边的草叶。"弹弓，我一定能打得很准……"强强停了下来，顺手抄起一块土坷垃，朝十来米远的一棵树干投去。土坷垃"咚"的一下正中树干，一团尘土随风散去。强强很高兴，又连续投了好几下，结果又有好几块打中了靶子。树干上留下了几个土印子。"真好，如果我有一把弹弓，一定比刘明射得准……"这样想着，强强的眼睛不由得往树上搜寻起来。

"我也会做，这有什么难的……"强强一边自言自语，一边仔细寻找，找了半天，也没有合适的树杈。于是他又把镰刀插在身后的裤腰带里，"噗、噗"往两手心里吐了些唾沫，"噌、噌、噌"，上了树。

本以为在树上很容易就能找到合适的树杈做弹弓架，可是，强强搜寻了半天也没有什么收获。

"这个嘛，弯弯的，不行……这个两个杈不一样粗细，不行……这个把儿有点儿歪，不好瞄准，也不行……这个……"强强一边找一边在心里盘算着。终于，强强在一团浓密的枝叶里找到了一个合适的树杈。就是它了，强强高兴得差点儿掉下来。要把它砍下来也不容易，强强用镰刀费了好大的劲才弄下来。

这样折腾了半天，眼看太阳往西坠下去了，强强这才匆忙地去打草。

等到强强回到家已经是掌灯的时候，他把砍来的树杈在院子一角放好，然后才进屋。炕上奶奶不住地咳嗽着，妈妈正在拾掇碗筷，准备吃饭，看到强强进来，妈妈问道："咋这么晚呢？快点儿吃饭吧！"目光落到了瘪瘪的草袋子上，但没有说什么，低下头去继续摆碗筷。强强见到了妈妈头上的一丝白发，心里有些发酸。

第二天，一大早他拿着柳树杈正盘算着要不要做弹弓。这时候，隔壁的王大爷见了，说："嗬，这好学生也玩儿起来啦？"

"没，没……我砍来打算种上它。"强强见过人家种树，知道柳树插个树枝就能长成大树。"呵呵，种吧，种吧！兴许以后还能在你种的树下面凉快呢！"

于是，强强就拿铁锹在院子里刨了个坑，把树杈埋在里面。他一边种一边想："等到树杈枯死了再做弹弓也不迟。"但自打种上之后，强强天天去看发芽了没有。

一天，两天，三天……

强强依然每天随妈妈过着清贫的生活，依然是班上的尖子。

弹弓没有做成，强强种的树却在不知不觉中成长着。有人见了，问："人家种树拣直的种，你咋找了个分叉的？"

强强有些不好意思地笑笑。

望着自己种的树，他想："等你大了一定是一棵粗壮的树。"

我多想没大人

◇ 陈冬英

从妈妈肚子里一出来，我第一眼见到的便是大人，从那以后我便在大人的呵护下成长。那时，我还不知道这些对我意味着什么。等我长大一些后，我才知道那些大人原来是管束我的，直到现在，我身边仍是那些熟悉而又陌生的大面孔——或严肃、或微笑、或严厉、或唠叨……

从小，我就受到大人们的"照顾"和"关心"，他们总是对我说不能这样，不能那样。我就像笼中的小鸟，被管束起来的小孩像被一把无形的锁锁着。有人说："大人管小孩是应该的，"这到底是谁说的？我一定要找他"算账"，想想看，大人不是也做过孩子吗？大人也曾被他大的大人管过呀！怎么就不知道其中的苦衷呢？

如果没有大人，我会做很多我想做的事，一件、两件、三件、四件、五件、六件……

没有大人，我会使生活变得更加精彩、奇妙……

没有大人，我会把我的太阳擦亮。

没有大人，太阳也许将更加灿烂，月亮也许将更加皎洁……

如果没有大人，我会做很多我想做的事。我真想尽情玩、尽情笑、尽情打闹、看自己想看的书，即是经常免不了大人们的责骂，但那又有什么关系呢？因为，快乐就是我们的主题！

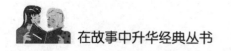

请小声说话

◇ 孙名先

温柔可爱特别有孩子缘的小张老师怀孕了，因为学校一线教师紧缺，所以尽管小张老师的肚子在一天天变大，可还担任着一年级的班主任。

一年级的孩子活泼好动，喜欢在校园、楼道、教室里奔跑，喊叫，尽情释放着他们小孩子特有的无限活力。每每这时小张老师总是微笑着看着他们欢呼跳跃。她已经习惯了看这样的风景。

可是忽然有一天她却发现孩子们在她面前再也不大声喊叫了，并且在经过她身边时都是小声说话，就连脚步也放得轻轻的。

小张老师非常奇怪，心想孩子们怎么失去活泼的天性了？一天，她焦急地问孩子们："你们在老师面前怎么这么小心呀！"她没有想到孩子们用标准的普通话一齐轻柔地说："因为老师肚子里的宝宝会听到，他（她）会被吓着的。"

小张老师的心里涌过一阵热流，眼睛湿润了。后来她才知道，原来是在她肚子显形以后，去校门口送学生排队时，一些接孩子的细心妈妈发现老师怀孕了，回家便叮嘱自己的孩子："以后不要在老师面前奔跑，大呼小叫的，老师肚子里的宝宝会听到，他（她）会被吓着的。你那么喜欢张老师，一定希望老师生一个健康可爱的宝宝，那么在张老师面前小心一点，好吗？"

妈妈不公平

◇ 陈晓凡

"妞妞，别玩电脑游戏了，快睡觉去，明天还要上课呢！"一阵刺耳的声音从妈妈的嘴里不耐烦地跑出来。我心想："真烦人，游戏正玩到精彩的地方妈妈又来烦我了。"这就是我成长中的第一个烦恼：电脑游戏和妈妈之间的战争，而且这战争还有愈演愈烈的趋势。

一个星期四的晚上，我做完功课就聚精会神地玩起了目前正流行的《挖金矿》，费了九牛二虎之力才挖到"钻石"，妈妈又发出了那刺耳的噪声："妞妞快去喝牛奶，早点休息！"我忙说："妈妈，再让我玩一会儿嘛，马上我就可以成为'富翁'了。"妈妈见我坐着不动，有点不高兴了："别浪费时间了，明天还要上课！"

我只好依依不舍地走到餐桌边，心不在焉地端起了牛奶杯。"啊！"牛奶烫得我尖叫起来，我眼泪汪汪地向妈妈提意见："这么烫的牛奶，我过一会儿喝也不会冷。"可是妈妈根本不听我的分辩，用命令的口气说："你如果再磨磨蹭蹭地不喝牛奶，我就把电脑关掉。"妈妈等得不耐烦后就"啪"地把电脑关了，于是我又成为"穷光蛋"了。这样的事接二连三地发生，每次都气得我火冒三丈，可又没有任何解决的办法。

爸爸无论多晚玩电脑游戏，妈妈都听之任之。有一次我实在忍不住了，就问妈妈："爸爸为什么可以玩电脑游戏到深更半夜，而我即使准时睡觉你也不让我玩？"妈妈说："因为你现在还小主要任务是好好学习，如果不早点睡觉第二天怎么有精神上课？"我无话反驳，只好认输。

虽然我认输了，但是我心里还是有点不服气，有些心里话想告诉妈妈："知识不是全来自书本，适当地玩电脑游戏也可以从中受益，老师说很多软件设计高手都是从玩电脑游戏开始起步的。我希望妈妈能在我保证学习的前提下，给我一点时间玩电脑游戏，也许以后我也能成为一个软件设计高手呢。"

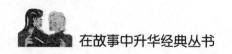

那一半是留给你的，爸爸

◇ **弗洛伊德·德尔**

皮特伊怎么也不会相信父亲竟会那样做——把爷爷撵走！虽然他一直美其名曰"送走"。可是现在，父亲给爷爷买的，让他带走的那条毛毯就在这儿……

这是一条双人用的大毛毯，上面有红黑相间的条纹。

"瞧，这条毛毯太精美了。"爷爷说着把毛毯平展地铺在自己的大腿上。"给一个老头这么好的毛毯让他带走，你父亲心地不是很善良吗？这毛毯价钱不低，确实不低——你看看毯子的毛绒吧！在冬天寒冷的夜里，盖这毛毯肯定是很暖和的。难得有这么好的毛毯！"

皮特伊的爷爷总是这样说话，他总是设法把气氛搞得很轻松。他一直装出他很想离开这里，到砖墙大楼（那是政府提供的收容所）里面去住。在那里，他将和许多孤独的老人一起生活。可是，直到今天父亲拿回来这条毛毯，皮特伊才真正相信——父亲要把爷爷送走了。

"噢，是的，这毛毯确实很漂亮。"皮特伊说着站起身回屋里去了。他不是爱流泪的男孩，他只不过是进屋去取爷爷的小提琴。

一轮明月高高地挂在天空，突然，琴声停止了。爷爷说："你父亲要娶的那个姑娘很不错，有这样一个漂亮的妻子，他又会充满青春活力了。我这样一个老头子在这里妨碍他们干什么？一个令人生厌的老头儿！我自己走最好，就像现在我所做的。"

突然爷孙俩听见了姑娘的笑声，就在门廊附近。小提琴走调了，停了下来。皮特伊的父亲没有说话。那姑娘却走上前来故作乖巧地对爷爷说："明天早上您走的时候我不能送您，所以现在过来同您道别。"

"谢谢你的好意。"爷爷说着垂下眼睛。这时，他看见了脚下的毛毯，便弯腰拾了起来。"你想不想看看这个？"爷爷不自在地说。"这是我儿子送给我让我带走的一条毛毯，很漂亮！"

"这毛毯是很精美。"她用手摸摸毯子的毛绒，转向皮特伊的父亲，对他冷冷地说，"这毛毯的价钱肯定不低。"那姑娘站在原处，眼睛一直盯着毛毯："还是双人的。"她说，似乎在责怪皮特伊的父亲。

"对，是双人的。"爷爷说，"这么精致的一条毛毯让我这老头带走。"

皮特伊走进屋去，过了一会儿，那姑娘怒气冲冲地走了……皮特伊从屋内出来时，只见她转身回头喊着："他还是不需要一条双人毛毯！"然后他跑上了溪谷小路。

父亲看着她的背影，似乎不知所措。

"哼，她说的对。"皮特伊冷冷地说。"喏，爸爸，"他拿出一把剪刀，"把毛毯剪成两半吧。"

爷爷和父亲都惊讶地望着他。"把它剪成两半，听见没有？爸爸！"皮特伊大叫起来，"把另外一半留下。"

"这个主意倒不错，"爷爷轻轻地说，"我不需要这么大的一条毯子。"

"是不需要，"皮特伊的声音很刺耳，"一条单人毛毯对于一个被送走的老人来说已经足够了。爸爸，我们留着另外一半，以后会有用处的。"

"你这是什么意思？"父亲问。

"我的意思是，"皮特伊慢条斯理地说，"那一半是留给你的，爸爸，等你老的时候，我也要把你送——走！"

四周一片寂静。

随后，父亲向爷爷走去，"扑通"一下，跪倒在爷爷前面……

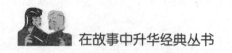

"落花"并非无情物

◇ 吴民益

　　我班有个从五年级留级下来的学生，他叫俞扬。俞扬非常聪明，也很可爱。由于母亲生他时年纪很轻，对他是百般溺爱。父亲是跑长途运输的，家里的经济条件在当时是相当优越的。儿子要什么，妈妈给什么。在妈妈的呵护下，爸爸的管教是心有余力不足，因此俞扬养成了学习懒散的毛病，我在分析了俞扬学习成绩不好的原因后，我对帮助他改正这一不良习惯充满信心。

　　首先我和他交朋友，有事没事总和他多说几句话。慢慢地，感情靠近了，我就让他帮着做事，到办公室拿个本子呀、把教室垃圾倒掉呀……再接着就是告诉他一个人为什么要学习、应该怎么学习、班里那些学习自觉的同学的学习方法等。

　　俞扬其实很懂事，除了每天不完成家庭作业外，没什么大缺点。但就在如何培养他独立完成家庭作业的习惯上，我真是想尽了办法。在他接受了我讲的道理后，我就布置作业让他回家做，可第二天本子上几乎是空的。我一点也不烦，仍然每天让他在课间把作业补上后，跟他讲道理。每次看到他脑袋直点直点的，我又对他会完成当天的家庭作业有了信心。然而一点用也没有。于是，我干脆在同学们放学后，每天把他留下来在教室完成作业再回家。我心想，这样一两个月下来，他总会养成一点点完成作业的习惯吧。坚持了很长一段时间后，我就每天让他在学校把大部分作业做完，只留一小部分让他回家完成，这样一点一点延长他回家做作业的时间。起先二天还好，可没坚持几天，他又不做了，在学校做到哪儿，第二天本子交来仍是哪儿。我下了这么大功夫，想了这么多法子，花了这么多时间，留这么一点点作业让他回家做他都不动笔，我那个气呀，真是一股脑往上涌。有一天，我在跟他反复叮嘱后，让他回家去完成剩下的一点点作业，他答应的好好的，可第二天我满心欢喜地打开他的作业本时，他还是一个字没写，气得我当时伸手就狠狠地打了他一个耳光。正巧俞扬的妈妈来到学校，看到儿子手捂着脸，问他怎么了，我告诉她我打了他一个耳光，他妈妈心疼地拿开儿子的手，我看到俞扬红红的半边脸上有五个清晰的手指印，我的心一阵抽动，俞扬没说一句话，他妈妈也没说什么，而我的眼泪一下子就涌出了眼眶。后来，他转进了别的班。

我好后悔呀，由于自己的一时冲动，俞扬承受这么大的身体和心灵上的打击。我清清楚楚地知道我这一个耳光把我在俞扬身上所付出的那么多心血花得精光。这五个指印打在了俞扬的脸上，却深深地永远刻在我的心上。

有一个星期，我重感冒在家休息。一天傍晚我正躺在床上，忽然听到有一阵轻微的敲门声，我问谁，一个弱弱的声音答道：是我，吴老师。我打开门，是俞扬，两只手抱着二个特别大的梨子，腼腆地笑着说：“吴老师，您生病了，我爸爸买的梨子，我挑了两个最大的给您吃，我爸爸妈妈不知道。”看着他依然稚气的脸，听着他暖心的话语，我一下子就想起了刻在我心上的那五个鲜红的指印。我怎么能收下这两个梨子呢？我怎么好意思收下这两个特别大的梨子呢？在我的一再推让下，俞扬连我的门都没进，流着泪回家了。他走后，我猛地又一次陷入了悔恨之中，因为这一次我又伤了他幼小和纯洁的心。

一晃两年过去了，俞扬转眼六年级毕业。他们毕业的那一个暑假的一天，五六个孩子突然来到我家，其中就有俞扬，他们跟我谈了这几年来的情况，其他孩子告诉我是俞扬叫他们来看看我的，且在这几个孩子中就俞扬时不时地在我跟前露出几分娇气，颇有几分得意。几个孩子要走了，俞扬突然说：“吴老师，我们给您把家里卫生打扫一下吧。”一听他的提议，其他几个学生立即应和，我是怎么拉俞扬都不行，他硬是带着几个学生把我家里的卫生彻底清扫了一遍，连几年未动布满灰尘的柜子下面也扫拖得干干净净。那一天，我的心情轻松了许多，我知道俞杨根本就没有记恨我。看着他带着满意离开时的脸，我从心里对他说：“俞扬，老师对不起你。”

俞扬的故事给我的教训是深刻的。在以后的教书生涯中，我再怒、再气也提醒自己要克制，千万不能对学生动手。渐渐地，我感到自己对学生比以前更宽容、更喜爱了，也从学生身上得到了无尽的力量和快慰、智慧和启示。

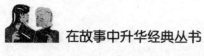

从与他的故事中，我也在思考：差生总有差的原因，想想看差生在成长过程中，我们做老师的为差生都做了些什么？玩石精镂还是火上浇油，及时扭转还是推波助澜？也许，往往我们会在离目标仅有几步时由于不慎而功亏一篑。

但愿我的行为没有伤害俞扬，衷心祝愿我可爱的俞扬健康成长。

春雨呜咽

◇ 赵 玉

没有恼人的沙尘，那天下起了入春以来的第一场春雨，淅淅沥沥，滋润着干涸的土地，也启封了人们对于春天的美好回忆——真是一个好天气。而我的才思，亦如雨后春笋般疯狂地萌芽，茁壮地成长，一串串连珠妙语，一个个精巧构思，整个课堂高潮迭起，我竟被自己的课打动了、陶醉了。

忽然，我无意中掠过的眼神捕捉到了一个镜头，学生杨某正在打盹，"我的课讲得这么精彩，你却没有听进去，这简直是对我劳动成果的蔑视!"一股无名火直冲脑门。

"杨某"，我大喝一声。"嗯"，杨某显然吃了一惊，慌乱的眼神四下张望，最后投向了我，却正被我犀利的目光刺中了，他一激灵，站了起来。

"我刚才讲的什么内容，请你重复。"我盯着他，沉沉地问。

"我，你讲的……我……"杨某一时语塞，不知该说些什么。

我刚要大发雷霆，忽然，一阵新鲜的泥土气息扑鼻而来，我灵机一动，一个巧妙的构思随之飞入脑海。

"今天的天气真富有诗意呀。"我微笑着说。杨某见我没发脾气，如释重负，竟然也附和着笑了。

"杨某同学，你想不想亲自感受一下这美好的诗意呢?"

"想"，杨某不假思索愉快地回答。

"那好，请你出去，你一定会感受到从上到下、从里到外的'湿'意。"杨某怔了一下，继而在其他同学的哄笑中领悟了我的意思，他的脸"刷"地红了，刚才的笑容就凝固在那片红潮之中，他的头沉沉地低了下去。

"去不去感受一下"，我乘胜追击。

"不"，他的声音很小。

"其实，你已经感受到了吧。"我的脸上洋溢着胜利的微笑。

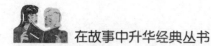

沉默。

我无意理会他的反应，却暗中得意自己的"创意"。

"以后好好听课"，我冷冷地抛下一句话，继续这节精彩的课。

这个学期末的最后一节课，我照例给学生发了调查问卷，征求他们对我讲课的意见和建议，在一片赞美的答卷中，我发现了一只折叠得很精美的纸鹤，我好奇地打开它……

老师，您还记得我吗？您曾经让我感受"湿"意，我真的感受到了，不是在身上，而是在心里。您知道吗？当时您讲的内容我其实知道，就是被您吓了一跳，暂时忘了，可您却讽刺我！您知道吗？您那节课后面讲的内容，我才真的一句没听见，我对您的课也再没有兴趣，下学期我就转学了，老师，再见！老师，我尊敬您，可是我也恨您！

您的学生　杨某

我怔怔的握着这张纸，心里打翻了五味瓶，我真的没有想到，那个自认为巧妙的构思如此深地伤害了我的学生，而我却浑然不知。我只满足了自己的心情，却忽略了学生的感受，我只关注自己的体验，却忽视了学生的反应与变化。这正是，我虽无意杀伯夷，而伯夷终为我而死。如果我的伤害是导致他转学的原因，那我就更不能原谅自己了！

在我的教学生涯中，曾经有过许多的遗憾和不足，而这段经历，却深深地烙刻在了心灵深处，多少成绩，多少荣誉，也无法抚平这道依旧滴血的伤痕。

真想愧疚地道一声，"孩子，对不起，我真的不是故意的，再听我重上那节课吧！"

也想真诚地说一句，"孩子，谢谢你，你让我懂得了一个道理——尊重学生，不是口头上的承诺，而是要我们用心、用爱、用行动去实践。"

一切为了学生，为了学生的一切，为了一切的学生，当我们孜孜于这个目标时，一定要谨记：尊重学生是我们一切工作的前提，不要忽视自己的工作细节，哪怕是一句不经意的话，否则，无论我们在其他方面做得有多好，到最后也是功亏一篑！

我似乎又听到了窗外那场呜咽的春雨……

那一盒润喉片

◇ **吕新平**

　　中午在床上听 MP3，不知何时睡意袭来，朦胧中，想到了他，似曾相识，但一时叫不出名字。于是坐着闭目冥想，很长时间过去，记忆里浮现的却是一个伤筋动骨的故事。

　　第一次见他，就被他的衣着所吸引。我好久没看见过这样邋遢的学生了。他衣衫不整，皮肤黝黑，好像很久没有洗澡了。更令人讨厌的是，他鼻翼下面整天拖着两条长长的鼻涕，有时被风吹干了，显出两条白白的印迹，好像是虫子刚从上面爬过。他叫闵强。

　　他果然不简单，班级才组建几天，所有男孩子该犯的错误他都犯了。他上课睡觉，有时居然会放肆地发出鼾声；爱拽前面女生的头发，看见女孩子疼的龇牙咧嘴他似乎特别开心；他不值日，还乱扔垃圾，视劳动委员为无物。我很恼怒，声色俱厉地责令他把家长请来。他似乎怕了，立即显出很为难的样子，但看我严厉的脸，只得嗫嚅着表示答应，第二天来的老人让我大吃一惊。老人说："老师，这孩子是个苦孩子，你就别管他了吧！"

　　原来，他也曾有过幸福的家。他父亲在 1980 年初便在福建做黄金生意，攒了好多钱，家里的日子过得很是滋润。可是在他 3 岁的时候，父亲却被人杀害了。她的母亲从南京嚎咷到福建，看见自己的丈夫突然遇害，死都没有全尸，差点丧失了活下去的勇气。后来，案件有了发展：公安机关发现他父亲在福建还有一个"家"，可是却再也找不到和他父亲姘居的女子。这个案子后来就变成一宗悬案，但是，这个调查结果却影响了一颗女人忧伤的心。他母亲接受不了丈夫的背叛，毅然决然地离开了家，离开了这个还没有充分感受父母之爱的孩子。从此，在东家的门口，西家的窗前，一个少年在饥一顿饱一顿地长大。

我一直以为这是一个父母疏于管理的孩子，家庭信息表里赫然写着他双亲的名字：一个在福建，一个在南京。原来，他是通过这种方式维系着对父母的思念和家庭的完整！突然间，那个原先看来可厌的孩子变得那么无助可怜，这个没爹没娘的孩子会把学校当作他的家吗？

从此，在他违反校规的时候，我少了一点责备，多了一点劝导；在他伤风受凉的时候，我少了一份漠视，多了一份担心；在他成绩不佳的时候，我少了一点讽刺，多了一份鼓励。他似乎也觉察出我对他的好，见我的时候也不那么拘谨了。

初三的时候，他疯狂地迷上了游戏，常常在网吧里包夜。知道这个消息后，我常常一个人在无人的夜街上奔走，在烟雾缭绕气味难闻的网吧里寻找那张熟识的面孔，然后在寂寞的街头送他回他临时居住的地方。他似乎总感到愧疚，但是网瘾难戒，每次忏悔后他总会再犯，这样"猫捉老鼠"的游戏不知道重复了多少次。

一天早上值自习，有学生告诉我说："闵强昨天夜里在网吧又呆了一晚上。"我心想不会吧，我晚上送他回家的。学生说："他回家后又到网吧去了！"

他果然来得很迟，两眼红肿，衣服大敞。一抬头看见我怒目圆睁倚在楼梯的扶手上，他吓了一跳。我问他昨天晚上哪里去了。他不说话，嘴角抽动着。我很气愤地朝他吼道："你太不争气了，你想想你九泉之下的父亲，他愿意看见你这样子吗？你再想想你妈，她一个人在外地打拼，容易吗？"我一连推搡了他两三下。"你照照镜子，再看看你自己，你看你是什么样子！"说着说着，不知道为什么我的眼泪竟流了下来！看见我这样，他突然不知所措，猛地举起手，朝楼梯的扶手来来回回打了十几下，然后说："老师，我再也不打游戏了，我再也不打了，您别生气了！我要再打，你把我的手剁下来。"

鲜红的血顺着他的手指滴落，我伤心地看着这个孤独无依的孩子，我不知道自己该怎么说。他絮絮地从口袋里掏出一小包四季润喉片："老师，这两天看你喉咙都沙哑了，我给您买了含片。"我很惊愕，根本不相信眼前的事情，忙问他钱哪来的。他看着我怀疑的目光说："是我打游戏挣来的。"我死也不信，心想天底下哪有这样的好事，反复逼问他钱是从哪里来的。他突然不说话了，那一盒润喉片孤单地呆在他的手里。看着他沉默的样子，我突然什么话也不想说了！

　　在多年后的一个饭局上，和同事聊到网吧的话题。同事对我说："你知道吗？现在有许多人不上班，在家打游戏，达到某一级别，可以卖游戏武器装备来赚钱的。"我一愣，连连问，是真的吗？是真的吗？猛然想起以前的事情，难道我错了，难道多年前我真的拂了一个少年的心意！

　　每每路过街头网吧，我总会想起曾经有个孩子，熬夜打着游戏，目的就是为声音沙哑的老师买一盒润嗓的含片。已不再是少年的闵强，多少年了，你还会回忆起老师的伤害吗？

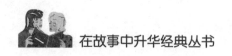

盘踞在心底的伤痛

◇ 游海英

　　想起1997级4班，想起学生张丽，在心底总有一种无法排遣的伤痛。他们是我到化工学校的第一批学生。

　　以前在初中任教，猛然间来教中专学生，面对自己的知识储备，我异常地心虚，恐慌。整天提心吊胆唯恐把知识点讲错，上课传授的知识呆板、僵硬、枯燥，总是担心学生指着说我误人子弟、说我枉为人师，底气不足的我当时找不到一点自信。为了不被学生识破，我独出心裁稀里糊涂地给自己穿了一件由"冰冷""生硬""孤傲"为原料组成的护套。在学生面前居高临下，板着脸、瞪着眼、昂着头，做事武断，唯我独尊，一副拒学生万里还嫌不够的样子。自以为与学生的距离越大就越能体现我"胸藏万汇"的知识储量，越能使学生刮目相看，越能树立威信。

　　那时候，张丽与本班同学宋涛恋爱，是师生皆知的新闻。张丽性格泼辣酷似男孩，坐在最前排南行。她上课常常不由自主地向北侧坐，"牵挂"在最后排北行的宋涛，还时常打手势。老师们经常议论她，班干部也常到班主任那里告她的状。当时，张丽的不自重灌进我大脑的是满满地"风骚"、"不要脸"和"肮脏"，甚至在心里还给她贴上"趋男性"的标签。对她，我是不属一顾的，与她谈心更是无从说起。为了能在众位同学面前展示我非凡的为师"能力"和做师"权威"，上课时常把注意力集中在她身上，专找她的茬。一旦发现她又"牵挂"宋涛，不仅当众大声斥责羞辱她，还专拣刻薄的语言讽刺她，在淋漓尽致地"教育"她后，还总是"自鸣得意"！那时候，我从来就不去想被"摧残"、被"伤害"的感觉。

　　那年期末考试，正好安排我在他们班监考，为了更加充分地展现我的"厉害"，我急中生智"颁布"了一条规定：凡是在考试过程中不遵守考场纪律的行为，视同作弊行为，一经发现"零"分处理。果然不出所料，张丽在

答完试卷中会做的题目后又侧身"关心"宋涛，"大义凛然"的我以"铁面无私"的面孔快步冲到她的座位旁，毫不客气地在她的试卷上"恶狠狠"地画了一个大红"圈"。因为是我任教的学科，任她课间怎样的苦苦恳求，也丝毫没有动摇我给她判"零分"的决心和她将要往返数百里回来补考的现实。那时候，我竟没有一丝一毫的同情心。

一个学期结束了，一个学年"熬"过去了，一直心虚、紧张、悬浮的我总算松了一口气，想借暑假好好放松一下。在一个偶然的机会，要好的同事告诉我，学生评教结果我的学生满意度是"零"。一阵眩晕，如五雷轰顶，满脑子的"零"在肆意地狂舞，原来校长多次不指明批评的竟是我！躺在床上，心里空荡荡的，无比沮丧，狂睡了三天，自以为一贯高贵的头颅再也不能抬起挺直。此后，不管身在何处，都感受着来自四面八方"零"的张牙舞爪，感受着他人射来穿心的异样眼神。

一个假期，我无颜见人，悬浮的心也终于沉下来。经过痛定思痛的挣扎，我终于认识到因业务不熟导致的精神空虚和心理畸形。面对育人环境档次的提升，我没有从根本的业务学习上来改变自己的窘境，而是用"冰冷"、"生硬"和"孤傲"把自己套了起来，躲闪着远离学生。对学生实行冰冷、生硬、冷酷无情的教育、打击伤害教育和独断独行教育。那个假期，我除了查阅相关的书籍对教材进行重新全面地学习外，开始关注教育学、心理学等方面的知识，开始恭敬谦虚地向同行讨教。

几年过去了，值得庆幸的是我一直都在学习中度过，学教学业务、学教育理论。不知不觉中我的心态变得阳光、平和，享受着融合在学生中被学生信任的充实，感受着学生感受的酸甜苦辣，品尝着教师职业的幸福和拥有学生的自豪与自信！我逐渐体会到：学生的要求并不高，只要我们时刻给自己的健康心灵滋补营养，静下心来潜心学习，坦坦荡荡地走近每一个学生，感受他们的感受，不管在什么时候，遇到一个怎样的他们，老师都是很容易被学生接纳和喜欢的。

多少年来，我一直害怕见到我的那批学生，害怕他们依然认识并记得我。张丽现在过得好不好？那些近似残酷的事对她造成了怎样的伤害？我非常想知道。此时，我好想对他们说：想当年，那个一直板着脸、瞪着眼，昂着头走路的心理变态老师，在被重重地摔了一跤后，伤痛一直盘踞在她心底，鞭策着她努力追赶前方灿烂的阳光！

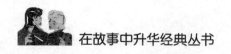

更羸是个大坏蛋

◇ 郑　勇

"孩子们，为什么更羸知道不用箭就可以把大雁射下来？"我问。

"他看到大雁飞行很慢，就知道大雁受过伤，伤口还在痛。"

"他听到大雁的叫声很悲惨，就猜测它孤单失群，很伤心。"

我继续问："哦，飞得慢是更羸看出来的，叫得惨是他听出来的。这说明什么？"

"他很善于观察，很聪明。"

"更羸不光善于观察，而且勤于思考。他想到这只受伤的大雁，只要听到'嘣'一声，就会很害怕，拼命往上飞。一用力，伤口就裂开了，肯定掉下来。"

大家你一言，我一语，津津乐道。大雁在孩子们的推论中一步步走向死亡，而更羸就一步步迈向胜利，孩子们也一步步明白了事情的奥妙，一个神射手的智慧跃然纸上。

我不失时机地因势利导："孩子们，你们敬佩更羸吗？"

"敬佩。"孩子们异口同声地答道。

眼看着《惊弓之鸟》这篇课文即将画上一个圆满的句号，我心中暗喜，"所以我们要学习更羸善于观察，勤于……"

"老师，我觉得更羸不值得敬佩，相反我讨厌他，他是个大坏蛋。"我的话被谢涛文打断了。他刚说完，教室里面马上炸开了锅。

这小子此时怎么还说这话，是没有认真听课还是存心和我唱反调？不急，暂且听听他的理由。

"孩子们，谢涛文同学敢于提出自己的意见，我们先为他的勇气鼓掌好吗？"教室里响起一片掌声之后，孩子们都把目光聚集到了谢涛文身上，等待着他的回答。

"首先，我不敬佩他。说他善于观察，勤于思考，我不同意。"

大家更疑惑了。

"首先，更赢看出大雁飞得慢，就推测它有伤，这种推测有道理。但大雁的飞行速度一般有多快，是像小燕子那样一掠而过，还是向野鸭子一样在天空中慢慢地飞？如果我们没有经常看到它们在天空中飞行，能一眼看出它们飞得快还是慢吗？"大家都被他的话逗笑了。

好像有点道理，继续听他怎么说。

"其次，他听到大雁的鸣声就判断出这只大雁孤单失群，所以伤心，这也说得过去。但老师，如果叫你现在听一只大雁的叫声，你能听出它的声音是悲伤还是快乐吗？"

我一下子被问住了。这小子说得也不无道理，不熟悉大雁的人，是很难分辨出它们声音的细微不同之处。

"所以，充其量只能说他打猎经验丰富，比较熟悉大雁而已。"

"是这样。""是呀。"学生中有人开始赞同谢涛文的意见了。也有人提出了异议。"他看出大雁飞得慢，就推测他受过伤，确实说明更赢善于思考呀？"

"说到打猎经验丰富，这也是讨厌他的主要原因，所以我说他是一个大坏蛋。"谢涛文继续说下去。"一个神箭手的箭应该对准战场上的敌人，去保家卫国才对。而他呢，却是在杀害动物，滥杀无辜。"

"对。""是这样。""有道理。"学生中已经有很多人支持他的说法。我带领全班同学为他的独到见解热烈鼓掌。

一石激起千层浪。同学们纷纷提出了自己的意见。

"记得《燕子专列》里，瑞士政府和人民为了挽救遭受风雪灾害而濒临死亡的小燕子，倾注了多少爱心啊。更赢的行为和他们相比，简直太可恶了！鸟类是我们人类的朋友，我们应该保护它们才对。"

"是呀，他明明知道那只鸟不能再受到惊吓了，但为了在国王面前显示自己的高明，又故意拉弦，使那只可怜的鸟再一次受到精神的打击，摔了下来。更赢的恶作剧有点残酷无情。"

"可我觉得真正杀死这只大雁的是魏王，如果魏王不想看更赢表演，而去制止更赢这样做的话，大雁就不会死。"

"我不同意。我认为大雁的死是它自己造成的。如果它心理素质好，不怕惊吓，更赢的弓弦再怎么'嘣''嘣''嘣'，也不能把大雁射下来。"

……

此时的课堂，已无往日的有序和安静。七嘴八舌的发言，不同思维的碰撞，使课堂显得有些乱，但我却是由衷地高兴——这不正是新课程教育理念所倡导的吗？

《语文课程标准》中指出，"阅读是学生的个性化行为，不应以老师的分析来代替学生的阅读实践……要珍惜学生独特的感受、体验和理解。对学生独特的感受和体验应加以鼓励。"是呀，每一次阅读，都是孩子们与文本进行的心灵深处的对话，都是他们独特生命的自由表达，我们语文老师，有什么理由去制订"统一标准答案"或所谓的"教师标准分析"去抹杀孩子们这份宝贵的权利呢？

罗尼的书

◇ ［美］朱迪丝·詹斯

第一眼看上去，罗尼同班上其他孩子完全一样，有着散乱的头发，嘴边沾着三明治碎屑，耳根后边还有点儿脏。靠近看，你就能看清罗尼脸上脏得能揭下一层灰，鼻子上有硬皮，指甲里塞满黑黑的污垢。他穿着颜色和款式都不搭配的破旧衣服，帆布鞋上汗渍斑斑。他的背包还没有一个塑料购物袋大。

罗尼与同学们几乎不大交往，因为他讲话口吃，读不好，也写不好。他已经8岁了，因为留级的缘故仍然在读一年级。他家的生活一团糟，他就像个流浪儿一样。但很快我就发现，脏兮兮外表下的罗尼有一个闪光点，那是在同样境地中其他孩子所不具备的一种勤奋精神。

我在进大学之前，曾经当过一年的志愿教师，我的工作是帮助孩子们提高阅读能力。罗尼就是我在那个时候认识的。每当我走进教室，罗尼的眼睛总追随着我，眼里闪动着"叫我！叫我！"的渴望。当然，我不可能天天叫他，其他孩子也需要我。

有一次，我对他稍点了下头，他便飞也似地离开座位，眨眼间就到了我身边，紧挨着我坐下。他紧张而又激动地翻开书，那样子就像是在挖掘一件珍宝，一件世上从未有过的珍宝。

他用脏得发黑的手在每个字母下慢慢移动，极认真地读着，可他把"Bud The Sub"读成了"Baw Dew Saw"。他讲话口吃，连读字母都很吃力。

尽管如此，他每次读到最后却都能成功。罗尼努力读着每个字母，然后，再竭力把它们拼成单词。不一会儿，他额头上就渗出晶莹的小汗珠。即使把"Ball 拼成了"Bath"或"Bow"，他的脸上也会露出灿烂的笑容，眼睛里闪烁出骄傲的神情。

很多个晚上，我洗澡后都禁不住想起罗尼。他现在在哪儿呢？是否平安？他在羊毛毯下照着手电筒读书吗？他有羊毛毯吗？

一年时间转眼就过去了。罗尼取得了不小的进步，但还是没有达到升级的水平。他是唯一不知道这个结果的人。那时，他依然在做着不懈的努力。

学年结束的前几周，我在班上举行了一次颁奖典礼。我为班上每个孩子准备了礼物和成绩单：桑得尔·奥托获得成绩优秀奖，皮格·特勒获得最快阅读奖，朗读声音洪亮的学生也有奖品。

为了给罗尼找个恰当的奖，我着实费了不小的劲儿。再微不足道的奖励也必须要有事实做根据，否则难以取信于人，但罗尼确实没有什么过人之处。我最后决定以"最佳进步奖"来奖励他，希望他能再取得进步。我大声授予罗尼这个证书，并奖给他一本廉价的精装儿童图书。他双手接过书，紧紧地抱在胸前，慢慢飘回到自己的座位上，泪水从他的面颊上滚落下来。

我强咽下堵得我透不过气来的哀伤。

那天，在我同孩子们一起的所有时间里，罗尼始终没有放下那本书，一次也没有。几天后我返回学校辞行时，我看见罗尼一个人坐在操场边的长凳上，专注地读他膝盖上那本翻开的书，他的嘴唇不停地翕动着。

他的老师对我说："自从得到这本书以来，他就一直带着它。你恐怕还不知道，那是他得到的第一件礼物。"

我轻轻地走到罗尼身后，他的手指在字里行间慢慢移动。我把手放在他的肩上，问他："读给我听听，行吗？"他扬起头，眯起眼，透过刺眼的阳光看着我笑了。他给我让出一个位置，我在他身旁坐下。

在随后的几分钟里，他满怀情感地读着，读得比我预想的要清晰和熟练。那本书已经被翻得有点旧了，里面还有许多折叠的痕迹，仿佛它被翻阅过上千遍似的。罗尼读完后，合上书，用他那双小脏手摸着书的封面，愉快地说："这本书真好。"我惊喜地发现，这句话他竟然说得非常流利。

我们并排坐在长凳上。一丝骄傲的神情闪现在他的脸上，也闪现在我的脸上。我握着罗尼的手，久久地望着他。我想不到，一个小小的奖励竟会给这个有缺陷的孩子这么大的力量。我由衷地感激这本书的作者。

忽然，我知道回家以后要干什么了，我要把这个有益于孩子们成长的小故事写出来。

善意的"欺骗"

◇ 曹卫星

小 W，一个瘦弱、内向、胆怯的小姑娘。教她已经一个月了，却从未听过她说一句话，也未曾看到过她抬起头正视你。偶尔指名让其回答问题，却也只能换来她低着头默默站在那儿一言不发的无奈。好几次想冲着她发火，但每次看到她那胆战心惊的样子，终究于心不忍。一次家访让我了解了孩子的情况，原来孩子的母亲是个智障妇女，兴许是带有一点先天遗传的因素，抑或是特殊的家庭使孩子一直生活在诸多的嘲笑、歧视中，这个孩子变得寡言自卑，失去了一个少年应有的"阳光"。

"让孩子开口，让孩子抬起头，也许比向她传授知识更为重要"，这是我在了解了孩子的基本情况后作出的最直接的反应，也成为了我接下来一个阶段的目标。然而就是这么一件看似简单的事情在她身上实现是何等的艰难，苦口婆心的说教试过了，没用；微笑着鼓励试过了，没用……

偶然的一天，去检查教室卫生，却发现小 W 的桌子里躺着一本书，书名是《奇趣植物怪怪问》。出于好奇，随手拿出来翻了翻，发现在书本的第 39 页上打了个角，这页讲的是"为什么发霉或发芽的花生不宜吃"。我心头顿时一怔：这么一个"问题"学生竟然还看课外书？同时也为之一喜：也许课外书能够成为我们沟通心灵的话题。

第二天放学，我留下了她，当其他的学生都离校的时候，我走到她的桌子旁微笑着跟她聊了起来："小 W，老师现在碰到一个难题，你能帮帮我吗？"孩子似乎变得更加不安了，头低得更下了。我继续着我的话题："昨天，我的儿子问我一个问题，为什么发霉的花生不能吃，我一时答不上来，害得他跟我闹了很长一段时间，你能帮我吗？"兴许是有生以来头一次听到有人请求她帮忙，尤其是老师，而且所提的问题正是她所能回答的，她终于勉强地抬起

了头，用茫然疑惑的目光瞅着我。我用期待的目光看着她，真诚地等待着。大约三十秒钟之后，她的嘴唇微微颤动了一下，屏息倾听，勉强听到了略带口吃的几个字："有——霉菌。"这个答案是不够完美的，但我又怎么会在乎从她的嘴里得到一个答案呢？况且，对于这样一个来源于生活中的问题，在我小的时候，父母、老师都已经教过我了。但我仍喜形于色，尽管孩子的声音十分微弱，但我感受到了孩子的心一定扑腾得厉害，这扑腾是对"旧我"的颠覆，是对"心门"的敲打。可喜的是，我用了一个"善意的谎言"，微微地开启了孩子封闭多年的心门。尔后的几日里，我趁热打铁、如法炮制，和孩子的交流已经不再像先前那样生硬、牵强，而孩子似乎也慢慢地习惯了每到放学后，曹老师就会如期而至，向她请教问题……

但是，孩子又怎么能只在我面前开口说话呢？她应该像其他的孩子那样，在同学中间，敞开自己的心扉，自由地表达、交流，找到童年那份应有的"叽叽喳喳"的雀跃。可无论是在书声琅琅的课堂，还是在人声鼎沸的课间，却始终看不到小 W 的身影，更听不到小 W 的半点声音，她就仿佛是一棵被打蔫的"小草"，生活在见不到阳光的阴暗潮湿的角落。我决心一定要让小 W 能在全班同学面前大声地说话，因为只有这样，才能驱赶掉她内心的"乌云"，打开封闭的"窗子"，让温暖、馨香的阳光洒满心田。

这又是一个放学后的傍晚，我又来到了小 W 的课桌旁，这一次我不是向她请教问题，而是跟她预习第二天要上的课文。我特意挑了一篇相对比较简单的课文，生字不多，对于其他学生来说，不要几遍就能读流利。我一遍又一遍地教她朗读，帮她纠正错误读音，直至她读得正确、流利。我还嘱咐她回去之后再练上几遍。第二天早上，我特意找了几位班干部，让其中的一位在今天的语文课上朗读课文时故意出几次错误，让其他的几位班干部推荐小 W 来朗读，并且读完之后，要报以热烈的掌声。几位小干部担心了起来：小 W 从来都没在课堂上读过课文，她能行吗？就算读了，她能读正确，读通顺吗？

语文课开始了，一切按照先前的安排进行着。小 W 终于在几位小班干部的推荐下战战兢兢地站了起来。看得出来，她紧张极了，拿着书的手在不停地颤抖。"给点掌声，好不好？"我"煽动"全班学生为其鼓励。顿时，齐刷刷的掌声在教室里爆发。或许是因为同学充满期待和鼓励的掌声，也或许是昨日老师已经和她做了充分的准备，小 W 开始了她可能是有生以来头一次在全班同学面前的发言，可是那声音微弱得几乎只有她一个人能听见。怎么办？是让她停下来，教育她一番，然后让她重读吗？那不等于在她的心口又"重重"地来了一击吗？那微弱、摇摆，随时都可能消失的一丁点儿信心就如那临风晃动的烛焰，随时都可能熄灭。可是如果不让她重读，又怎能帮助她驱赶缠绕心头的胆怯与自卑？又怎么能服众，赢得掌声，赢得鼓励，赢得帮助？而就在此刻，我忽然闪现出了一个念头，我示意她暂停一下，然后走到她跟前，悄悄地在她耳边说了一句话："告诉你一个秘密，曹老师耳朵不灵，常常会听不到学生的发言，接下来的朗读你能再大声一点吗？让曹老师能听到，这样别的学生就不会发现这个秘密了。全靠你了，你能帮我吗？"说完，我又走回到讲台旁，用期待的眼神看着她。小 W 的心是善良的，对于老师的这个"保守秘密的请求"她怎么会置之不理呢？接下来的朗读确实比刚才的声音大了许多，我不时地作出捂耳侧听的动作，每每这时，我都能感受到一阵高过一阵的读书声。读书结束了，先前安排好的几个班干部带头鼓起了掌，这掌声带动了其他学生，说不清这掌声里是不是包含了每一个学生真心的赞美，但可以肯定的是每一片掌声都是善良的。"你们为什么鼓掌呀？"我故意问几个班干部。其中一个站起来俏皮地说："小 W 虽然很少读书，但是读起书来蛮好听的嘛。"另一个班干部站起来则振振有词地说："因为小 W 读得比较正确，比较流利，刚才学习委员在读的时候都错了好几个词，还回读了几次，可见小 W 的读书水平有多高。"……学生的赞誉之词不断，而此时的小 W 呢？她涨红了脸，微低着头，倾听着同学们的赞誉。虽然同是低着头，但我知道此时的低头不是自卑，而是"受宠"之后的羞涩；虽然同是涨红着脸，但我也知道，此刻的脸红不是紧张，而是"受誉"之后的欢愉。

　　……

　　回顾与小 W 交往的这一段历程，总觉得教育有时可以是一种智慧的、善意的"欺骗"，那"发霉的花生"，"儿子的折腾"，"学生的安排"，"失灵的耳朵"都是留在心中的一堆"谎言"，但谁又能说这"谎言"是龌龊的，是狡黠的？相反，这"谎言"诠释的是"爱"，演绎的是"智慧"。

　　愿她在未来的学习道路上，还能记住这样的"谎言"，越走越好！

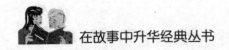

时间瘸了一条腿

◇ 刘 成

走进教室，习惯性地瞧了瞧后面墙上的挂钟，总觉得有些异样。看看离上课还有 2 分钟，于是把教材和教案放在讲台上，慢慢踱到教室后面，昂起头仔细打量，一股怒气袅袅升起。

原来，不知是哪个捣蛋鬼的杰作，竟然把挂钟拧瘸了一条腿。挂钟的玻璃罩已不知去向，扭瘸了的是最长的那根红色的秒针，尖端被拧成了麻花状，向外翘着，原本最长的秒针因而变成最短的了，滴答滴答地移动着。

同学们看见我注视着瘸了腿的挂钟，"哄"的一声笑开了。

"是哪位同学干的好事？"我问道。

"是某某某！"几乎异口同声地回答。

"你们班主任知道吗？"我又问道。

"知——道——了——"又是异口同声。

想了想，我又问："班主任怎么处理的？"

坐在后面的同学告诉我说，老师让他检讨承认错误，并且赔一只新钟。

此时，上课铃声响了，我站回到讲台上，眼光巡视一周，等到鸦雀无声时，才郑重地告诉大家："其实，我有个建议，希望你们能够转告班主任，这只瘸了腿的挂钟保存下来才是最好的。"

同学们惊讶和疑惑的眼光都射进我的眼里，有人甚至质疑："您的意思难道是永久保留罪证，时刻警醒大家吗？"

"当然不是！"我回答道，"这只钟虽然瘸了一条腿，但是它并没有坏呀！它还能走，不影响我们对时间的观测和把握啊！"

"可是影响美观呀！"有同学大声反驳。

"难道它不也是一种美吗？"我大声地反驳。

"残缺美吗？"很多同学若有顿悟。

我回答说："这确实是一种残缺的美，你们看出来了吗？哪位同学起来谈谈？"

一位同学立即站起来，侃侃谈道："这只钟虽然瘸了条腿，秒针变得比时针还短，可是它依旧一秒一秒地走着，从不停顿。也就是说，变故丝毫没有影响它的行进和行程，这是一种我们难得一见的美！"

有同学接着讲道："这种美滋生于苦难与坚韧的摩擦，它更具有震撼人心的力量。"

"看见瘸了腿的钟，我总有一种莫名的感动！"我接住学生的话茬，"它多像一个人啊！你们看，它像谁呢？谁像这只钟一样，瘸着腿，向着漫漫未来走去？"

学生沉思着，回忆着，有人想起来了："它多像史铁生，我读过史铁生的《我与地坛》，坐在轮椅上的他走出了一条最坚实的路……"

"它像张海迪，不能行走的她却走到了事业的巅峰……"

"它像保尔·柯察金……"

"它像霍金……"

"它像海伦·凯勒……"

"它像郑丽华……"

同学们深情地想到了许许多多的人，大家都沉浸在感动中，我无比动情地说："这就是时间的品质，不管受到什么样的伤害，它总是向前走，片刻也不曾停留。"

顿了顿，我意犹未尽，便继续讲道："所以，我想，当我们这位同学扭瘸它的腿的时候，它可能在心里说过这样一句话。"

教室里格外的静，仿佛春天的原野，只听见花开的声音。一张张青春的脸上，漂浮着凝思的云彩，大家都等待着这一句话：

"它可能在说，没有腿，我照样能走！"

掌声响起来……

后来，那只挂钟就一直挂在墙上，每当我上课的时候，发现总有学生会回过头去看一眼。

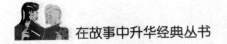

"23号"女孩

◇ 刘剑华

近日读了一篇文章《坐在路边鼓掌的人》，心中颇为温暖，想与大家分享。故事的大意是这样的：

作者的女儿在班级50多个学生中排名23位，同学们管她叫"23号"。作为父母，觉得这外号很刺耳，但女儿却欣然接受。人家的孩子不仅出类拔萃，而且特长多多，自己的女儿却没有一样值得炫耀的。作为父母，感到很失望。于是他们开始动脑筋，来提高女儿的学习成绩，请家教、报辅导班、买各种各样的资料，孩子像一个疲惫的小鸟，从一个班被赶到另一个班，卷子、练习册，一沓沓地做，孩子的身体却扛不住了，期末考试仍然是让父母哭笑不得的23名。后来也曾试过增加营养、物质奖励等，几次三番的折腾，女儿的小脸越来越苍白，一说要考试就开始厌食、失眠、冒虚汗，接着考出了令父母瞠目结舌的33名。最后作者夫妇只得放弃了这场轰轰烈烈的拔苗助长活动，恢复了女儿正常的学习生活。

一个周末，同事们结伴郊游，大家准备了各自最拿手的菜，全家人出去野餐。一路上，这家孩子唱歌，那家孩子表演小品，女儿什么也不会，只是不停地鼓掌，还不时跑前跑后，照看食物，忙忙碌碌像个小管家。野餐时，发生了一件意外的事。两个小男孩，一个奥数尖子，一个英语高手，为了夹住盘子里的糯米饼互不放手，更不愿平分，大人们又笑又叹，连劝带哄，怎么都不管用。最后女儿用投掷硬币的方法，轻松打破了这个僵局。

期中考试后，班主任打来电话，女儿的成绩依然是中等。不过他告诉作者一件奇怪的事，语文试卷上有一道附加题：你最欣赏班里的哪位同学，请说出理由。除了女儿之外，全班同学竟然全写上了女儿的名字。理由很多：热心助人，守信用，不爱生气，好相处等。写得最多的是乐观幽默。同学们还建议让她来当班长。作者开玩笑地说女儿快要成为英雄了。女儿歪着头，认真想了想说，老师曾讲过一句格言：当英雄路过的时候，总要有人坐在路边鼓掌。她说她不想成为英雄，她想成为坐在路边鼓掌的人……

读到这儿，我不禁被这个不想成为英雄的女孩所打动。

文中的女儿，学习成绩一般，但在做人方面，却是很优秀的。长大以后，也许成不了父母或教师理想中的有成就的人才，但至少她可以成为贤惠的妻子，温柔的母亲，甚至是热心的同事，友善的邻居，过上自己想要的生活，作为父母还想为孩子祈求怎样更好的未来呢？

这世间，有多少人年少时胸怀大志，树立远大理想，渴望成为英雄，但最终却又成为滚滚红尘中的平凡人？社会是需要出色的拔尖人才成为栋梁，但更需要平平常常的普通劳动者。可是一直以来，我们的教育都是从大人们的意愿出发，为孩子们设定了一个个远大而美好的理想，孩子们、家长们、老师们都是在为孩子们的这些理想而拼搏、奋斗甚至生活着……

我们知道，每个人都有自己的个性特点，教育的目标应因人而设，孩子内心需要的，才是我们追求的。我们需要做的应该是引领——使他们沿着正确的人生方向前进，唤醒并激发他们为实现人生目标而踏踏实实地走好脚下的路。好的教育要帮助学生寻找生命的意义，关注孩子的内心生活。因为真正的心灵成长与智慧获得，并不是一种外在的强加，而是内心的唤醒与激活。因此，我们做父母的，为人师的，应尊重孩子的内心追求，尊重他们对人生的理解，对孩子的教育要顺其心、顺其性，顺其自然，让孩子多一些甘于平凡的品质、脚踏实地的追求。

我想，孩子如果健康，如果快乐，如果她觉得幸福，做个坐在路边鼓掌的人又何妨？当孩子以一颗感恩的心对待身边平凡的事情，以崇敬的心关注周围的世界时，即使做个坐在路边鼓掌的人，这又何尝不可以成为我们教育的真谛和最终所追求的目标呢？

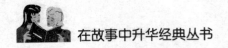
处罚的智慧

◇ 李建珍

在朋友的 QQ 空间里看到她发表的日志《声名远扬》：为了"修理"撒谎的女儿，她骂人的声音好恐怖，不仅自家的整座楼全听见了，连对面楼都听到了。

对此，我深有同感。当儿子不乖的时候，我也总是控制不住自己情绪大吼大叫，同样对面楼可听见，但儿子并不买账，总是顶嘴、吵闹，逼得我用更大的声音和更强硬的手段去收拾这个"刁民"。时间久了，他的"皮"越来越厚了，普通责骂已不起任何作用，我的大嗓门也不断升级，有时候，慑于我的"威风"，他也勉强顺从一下，过后，一切如故。除了发脾气，我想不出什么更好的办法来。

一天晚上，外出回家，在小区大门口遇到一个十来岁的男孩，本是站在一边，看见我走过来，就上前叫道："阿姨好！"我停住脚步。打量他，既不像要钱的，也不像推销的，我站着，等他的下文。他却退回到自己原来的位置上。我问："有什么事吗？"他没回答。旁边一个看起来很知性的中年女子，大概是他母亲，微笑道："没什么事，第 36 个。"见此情景，我说："很乖的孩子。"她说："就是不乖才被罚。"我恍然大悟，原来是一种"处罚"。想来，今晚必须跟陌生人打足招呼才可以回家。

我往家走，心想，与我简单粗暴的大吼大叫相比，这位母亲的手段可算高明，既让孩子记住教训，又能让孩子获得与人交往的体验。

不由得联想到另一位家长的"处罚"。那是我二十多年前的老邻居，他对孩子从来不打不骂，女儿和儿子犯了错，他就罚他们做运动，一直做到累得动弹不了为止。

那也是一个晚上，我见到他的一双儿女在家门口做手臂转圈运动，起先

做得很起劲，当几百下之后，手臂都抬不起来了。周围是一圈围观的邻居。等做完规定的数目，邻居帮忙去叫他们的父亲。那位父亲慢悠悠地走过来，问："记住了吗?"两个孩子忙不迭地点头，连声道："下次再也不敢了。"得到"刑满释放"的信号，他们飞快地跑进门，好久都不敢出来。运动型的处罚，貌似体罚，除了让孩子长记性外，还有增强孩子体质的好处。

也许，在对孩子的教育中，我应该学习少用简单粗暴的吼叫，多动脑筋，采取容易接受的、更有效的"处罚"措施。

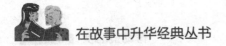

别爱得"太近"

◇ 宋修银

周末我到果树园帮父亲干活。凛冽的寒风中，父亲紧握锨把在果树园中挥汗劳作。父亲在果树之间挖下一个个小土坑，准备把积攒的猪粪、鸡粪等肥料埋进去。父亲对我说："这些果树正处于长'身体'阶段，不补充营养不行，来年的苹果就个不大、色泽也不好。"

我也学着父亲的样子去挖坑，但挖了几下，父亲急忙叫停了我，父亲走过来对我说："这样挖不对，你挖的坑离果树太近了，应保持半个锨把长的距离。"我不以为然地反驳说："太远了，果树还能吸收到养分吗？"父亲说："太近了，果树一下子吃不消这么多养料，会被'肥'死的。而保持一定的距离，有利于小树一点一滴均衡地吸收肥料，同时也有利于根须生长。因为要吸收到更多的肥料，树根只有拼命地往有肥料的地方钻，这样树才能长大。"

父亲的一番话，至今仍在耳边回响。由此我联想到我在教学过程中经历的一件事：我的一名学生家长对我说："我的孩子的确出问题了，他3岁时就认得2000多个字，能背古诗30多首，会50以内的加法运算，亲朋好友都说是'神童'，可是一上小学，孩子开始厌恶学习，对学校所教的不感兴趣。"为什么一个原本天真灿烂、热爱探索、想象力丰富的孩子上了小学，反倒对学习没有兴趣了呢？在孩子的世界里，是谁"夺"走了孩子的学习兴趣，让孩子到了小学就没有探索知识的欲望？

兴趣是最好的老师，没有兴趣的孩子可能出现心理问题。幼儿园的任务是使孩子养成良好的生活、卫生习惯，培养他们的学习兴趣。当孩子对汉字、诗词还没有认知度的时候，家长一旦强行让孩子学习，可能一定程度上造出"神童"效果，但到孩子上小学开始全面接触这些知识时，因为他的"早会、早知"就开始厌倦这些他认为重复的"旧知识"，孩子的学习兴趣无形中被大

大挫伤和透支，结果出现上课精神不集中的状况。

很多孩子在5岁以前，就一直处于疲于学习各种知识的状态中，家长急功近利，恨不得在"娘肚子里"就给孩子灌输各种知识，从而忽略了孩子成长的规律，这种做法剥夺了孩子体验的快乐，造成了孩子只会被动接受知识，而不会主动思维，更谈不上富有创造力和想象力。所以，家长对孩子所计划的任何"神童"方案，都可能导致过早透支孩子的学习兴趣，导致对孩子成长的"拔苗助长"，我们作为教师、家长，应对孩子的成长保持一颗平常心，千万别急于求成。

我现在终于明白：要给予孩子爱和关怀，但也要保留一定的距离，爱得太近，最终或许会变成伤害。

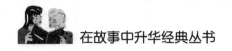

娘肚子里的秘密

◇ 张　萍

　　小梅是鄂西北一个偏僻的农家女孩，小学六年级的成绩很优秀，全镇毕业考试她获得第一名。为了使小梅受到良好的教育，我托人把她转到本市实验中学读书。

　　小梅来到全市最好的学校学习，开始很是兴奋，学习也很刻苦，成绩仍然保持在年级前三名。到初二时，处于青春期的她，没有把握好节拍，开始和慢班的男生交朋友，成绩成了年级倒数，去年秋天，她觉得自己考重点无望，干脆放弃了学习，干起了专职——谈朋友。

　　去年十一月的一天，她们班上体育课，同学们都在操场上做 50 米短跑、立定跳远训练，学校传达室说有人找小梅，体育老师找了半天，在楼道里找到了她，此时小梅校服里面仅有一件秋衣，冷得哆嗦，不停地将两只手放到嘴上呵气取暖，双脚不停地踩地，温暖她冻得发僵的腿脚，此情此景，我心里酸楚楚的。

　　来人是小梅的大伯，大伯对她说："我进城来打工，你妈托信给你，要你回去一趟。"大伯说完就走了。小梅捏了捏衣角，心惊胆颤地走进了教室。

　　小梅知道自己的成绩一落千丈，没脸面对辛劳的妈妈，加上家里特别困难，来回一趟路费得花 30 元——那是她 10 天的生活费。妈妈要她回家，说不定是肝病又犯了，小梅心里既紧张又害怕。

　　好不容易熬到了元旦放假，小梅急匆匆地赶回家里，走进屋一看，爸爸还在吧嗒吧嗒地吸着旱烟，只是人又瘦了一圈，脸上的愁云更加密布了。妈妈躺在床上给爸爸补衣服。小梅胆怯地问："爸、妈，家里出了啥事要我回来？"爸爸抬起头，磕掉了烟灰，问道："学习成绩咋样，还是前几名吗？"小梅最害怕问她学习成绩，嗫嚅地答道："我……学……"

妈妈把头伸出门外，情深意切地问道："梅儿，期中考得咋样，给妈说说。"小梅更加害怕了，生怯怯地回答："期中……考……"爸爸发怒了："不说，就是成绩差，明天就不要上学了。"

小梅悔恨的泪水流了出来，滴落在堂屋的土地面上。"为了供你读书，家里变卖了所有值钱的东西，现在只剩下那三亩薄地了，家里实在是太穷了，你考不上重点，上不了大学，还不是白花钱。"妈妈伤心叹气地说道。

爸爸又点燃了旱烟，妈妈无奈地说："梅儿，妈又怀了一个，凭经验妈觉得是个男孩，我和你爸决定把这个孩子生出来，以后好传宗接代，所以……"小梅这才发现妈妈隆起的肚子，相信妈妈说的是真话。便央求道："我想上学……"爸爸更怒了："不要读了，明天就在家。"爸爸态度坚决，没有丝毫商量的余地。小梅眼看自己的学习机会就这样没了，懊悔地忍不住"哇"的一声大哭起来。妈妈心疼的眼泪也成了小溪。

家里的气氛僵极了，过了一会儿，妈妈拖着鞋子，走到小梅爸爸的身旁，流着心酸的眼泪说："这样吧，给梅儿一个改正的机会。"又对小梅说："还有两个月就要放假了，成绩还是倒数，就不读了回家。"小梅面对爸爸、妈妈恭恭敬敬地磕了三个头。

回到学校后，我把小梅叫到办公室，询问了她的情况后，我决定把她接到我家，和我吃在一起，和我的女儿住在一起。我给她买了《满分作文》《成功之路》等杂志，让她阅读并写出读后感。花费500多元给她买了英语复读机和原装磁带。每月给小梅200元早餐费和资料费，鼓励小梅痛改前非，以勤奋学习为己任。小梅以百倍的努力，刻苦学习，主动向我请教不懂的问题，挤出时间"恶补"落下的功课……就连过春节也没有回家，在校学习。功夫不负有心人，小梅的成绩提高很快，今年6月20日的中考，小梅很自信，也很认真地答题。7月2日分数揭晓，小梅以优异的成绩摘得地区中考"状元"。她万分激动，立即回家，把这个好消息告诉爸妈。

走进家门，家里只有爸爸一人痴傻地坐在只有三条腿的小凳上，脸色煞白，面如土灰，像是沉浸在巨大的痛苦之中。小梅问妈妈到哪儿去了，爸爸嚎啕大哭起来，像个无助的孩子。一种不祥之兆撩过小梅的心头，她感觉到家里发生了悲剧。爸爸哭了半晌之后，在小梅的追问下，说出了真相：

"你妈没有怀孕，是肝癌晚期，腹腔积水所致，为了你上学，你妈从没有为治病花掉一分钱，听说你学习成绩倒数，你妈就用这种方式来激励你好好学习，她知道自己活不了多久，又希望你能考上重点高中、重点大学，为家人争口气，所以……她是用尽最后一丝力气，喊着你的名字咽气的……"

小梅在妈妈的坟头哭得死去活来，就连树林里的鸟儿也发出了哭咽声。小梅模糊的双眼，仿佛看到妈妈坟地开满了鲜花，仿佛是妈妈在为女儿取得成绩微笑。

艰难困苦中我点滴的关爱在小梅的脑海中再现，珍藏在记忆的深处，带着这载满深情厚爱的记忆，小梅将走向远方……

让孩子承担责任

◇ 缪金龙

中午饭时，我和自己的孩子共用餐，今天的主菜是马铃薯，孩子不爱吃，看她的样子是实在吃不下了。

"珊珊，实在吃不下就倒了吧。"我轻声地对她说。她迟疑着，好像有很大的心事。

"看看今天有哪些小朋友不爱惜粮食的。"班主任在讲台上对着同学们说。

孩子听班主任这么一说，又拨了几粒饭进口，可半天没有咽下去。

"算了算了，拿去倒吧。"我不耐烦了。她抬头看了看班主任，又看了看我，还是没有站起来。

"爸爸，我的剩饭倒在你的碗里，你帮我去倒吧。"好家伙，这是一个好主意，她看着我。

"好吧。"我同意了。

她端起饭碗想倒到我的大碗中，可又停住了。

"怎么了？"我问。

"爸爸，这算不算骗人？"是啊，在这关键的时刻，我怎么都忘了呢？

"应该算的。"我肯定地说。

"那我去倒吧。"孩子坚定地说。

"爸爸很高兴。"我摸了摸孩子的头。

孩子勇敢地端起饭碗走上讲台。她受到了老师和同学的批评，满脸通红地回到了我的身边。此时的我却很高兴，我为孩子敢于承担责任而自豪。

看着孩子，我想起了今早在校门口的一幕：值周小干部忙着检查学生的三佩戴，"你的小黄帽呢？"一位低年级的同学被拦住了，"我……我……放在班里了。"他低着头，这时妈妈连忙赶过来了。"小黄帽，是吗？昨天是妈妈帮他放起来的，今天忘了帮他戴上，到学校里来是为了读书的，不戴小黄帽又没关系。"他妈妈向小干部解释着。"不戴小黄帽是要扣分的。""这么烦人的，算了，我再去买一个。"她跑去小店买了小黄帽，孩子高兴地进了校门，妈妈边走边摇着头对身边的人说："这么老实的孩子，以后怎么办？"

孩子，以后怎么办？我想着。难怪，每天总有家长匆匆忙忙送书、送水、送笔的，知道孩子犯错了，家长主动承担的积极性可高了："噢，都是我昨天忘了，不怪孩子……"于是孩子自己的事总做不好：今天不是漏了作业本，明天就是忘带语文书，今天不是红领巾找不着，明天就是小黄帽没有了；孩子学会了投机取巧：乘小干部不注意偷溜进学校，或叫同学偷递出小黄帽解围，还夸自己多聪明；孩子逃避责任的速度惊人："谁叫你不把铅笔盒放进书包的""是你先走过来骂我的"，只要是错，那永远是别人的错，自己永远是对的，怪罪别人的本事很大；一批评就出事：小则一声不响，不吃不喝，摔东西，中则离家，大则轻生。

是啊，孩子以后怎么办？我想起美国流传着一个小故事：美国总统里根小时候踢足球时踢碎了邻居家的玻璃，人家要求索赔12.5美元。他向父亲认错后，父亲让他对自己的过失负责。可小男孩没钱，父亲说："钱我可以先借给你，但一年后要还我。"在随后的半年时间里，这个男孩靠打工赚钱，终于还清父亲的12.5美元。看看他们，想想自己，作为家长或老师的我们该怎么办？在赞扬满天飞的美好时光里，我们是否也要冷静下来，在适当的时机里，给孩子以恰当的批评或惩罚，这样带给我们的将会是更多的放心。

"一个人能承担多大的责任，就能取得多大的成功！""这个社会尊重那些为它尽到责任的人。"这些名言都在启示着我们该怎么办。我相信，通过我们的努力，最终会让孩子懂得：从小犯了错误，就应该承担后果，不逃避事实，不推卸责任，长大才能担负起社会的责任。

洋女婿的育儿方

◇ 六月雪

女儿大学毕业后，和男友乍仑蓬去了泰国，这让我分外想念。女儿为让我免受思念之苦，2006 年 5 月，带着乍仑蓬和孩子回国，打算留在国内发展。这本是件令人高兴的事儿，可我万万没想到，他们回来不到 2 个月，我和洋女婿之间就发生了"战争"。

我总觉得两个外孙远离祖父母，我们作为外祖父母，当然要把所有的爱都给他们。于是，两个外孙想要买什么我就给他们买什么，想要玩什么就陪他们一起玩什么。然而，乍仑蓬却不领情，他认为对孩子不能这么宠着，而是一定要让他们知道，生活的真正面目是什么，不能让他们"衣来伸手，饭来张口"。要让他们明白只有认真工作、付出才有回报。

我们觉得，乍仑蓬说得有道理。不过，完全不需要让这么小的孩子就了解什么是生活，等他们长大了，自然就懂了。没想到，乍仑蓬见我们不太认同他的观点，竟擅自给孩子们制定了家务计划。

"本周家务如下：每天早上扫地、拖地板，每天晚餐为大家摆碗筷，隔两天浇花，每天喂鱼，每天收拾玩具，每天……"在这份家务计划里，还包括为外祖父拿眼镜，帮外祖母择菜、洗菜。甚至还有为乍仑蓬擦皮鞋和为女儿的大衣除尘，但只是这两样前边有星号标记，意味着这两样本应是父母个人的家务事，所以，他们愿意为此而付费。

"怎么能这样对待孩子？"看了这份计划，我实在忍不住了。我对乍仑蓬说:"那些家务事,我们随手就做了,孩子们做不了,也做不好。"

"他们也是家庭里的一份子,"乍仑蓬振振有词,"他们应该分担家务,不能只是享受,也要有义务,这是他们的责任。"

"他们还没有能力做这些家务。"我不同意他的观点,"你眼中只有责任。你做父亲的,也要有责任。孩子能把学习搞好就很不错了。"我们为此争吵起来。

吵归吵,乍仑蓬却早已和女儿结成了同盟,家务计划还是摆在了两个孩子面前。没想到,两个孩子竟然对这个计划挺感兴趣的,大外孙不但认领了扫地、拖地板、喂鱼等家务劳动,还抢着认领了两样可以挣到钱的劳动。小外孙也认领了收拾饭桌、摆碗筷的工作。

看着两个孩子每天做这么多事情,我又不忍心了,就事先帮孩子们干完他们的家务,让他们无事可做。刚开始的时候,两个孩子还一个劲儿地反对,可慢慢地,他们也就接受了这个现实。

那天,我正在拖地板,乍仑蓬忽然从外面回来了。见到我正在帮孩子做家务,他显得非常愤懑,立即退出房间,给女儿打电话,而女儿也马上从单位请假赶了回来。

我不明白,只是做些家务活,为什么女婿就如临大敌一般,还把女儿也叫了回来。因此,在和女儿谈起这件事时,我自然就有些抱怨。

女儿说:"他们既然认领了家务工作,就应该负起责任,如果你代替他们,就等于让他们养成凡事推脱、不负责任的习惯。"

"但他们是孩子,干吗还让他们做那么多事?"

乍仑蓬见我们争执起来,就把女儿拉进了房间,过了好一阵才出来。女儿表示,如果我们再这样干扰他们教育孩子,他们就搬回泰国!竟来了最后通牒。

我知道,这是乍仑蓬的主意,却也无可奈何。为了保全家庭的和睦,我只能保证再也不干涉他们的教子计划。本来以为,只要小心一点儿,背着乍仑蓬,还是可以帮孩子们做事的。但没想到,孩子们从此也拒绝了我的要求:"这是我的工作,我自己有能力完成!"

之后,我很长时间都不搭理乍仑蓬。而他的每周家务计划仍然不断翻新,并一直坚持,到现在已经一年多了。我发现,孩子们做事越来越认真,已

经养成了习惯，学习也像做这些事一样认真负责。

乍仑蓬和女儿都很高兴，我也不再为此担心。乍仑蓬又多次主动和我沟通，取得了我的理解。他说："在泰国，我们都会对孩子进行责任意识教育，这是他们生活的基本技能，孩子越早学会受益也就越多。"

从那以后，我认可了洋女婿对孩子的"责任意识教育"，还主动帮助他监督外孙们的"工作"呢。

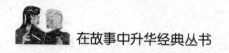

我的男老师

◇ **特里·米勒沙隆**

他的名字叫雷·瑞哈特。我们是他 15 年级班上的学生，自然是把他称作"瑞哈特先生"。开学的第一天，我，一个腼腆害羞的 10 岁小男孩，一见这位老师牛蛙般的大眼，顿时如遭雷击，脚下的球鞋瑟瑟直抖。一位男老师对我来说还是新鲜事儿，也是我不喜欢的事。

一天早上，他说："选你在班上最好的朋友，然后把你的课桌挨着他的旁边放。"

什么？我们面面相觑。

一个女孩举手："你是让我们把自己的课桌放在我们最好的朋友旁边？"

"我是这个意思。这样方便你们互相帮助。"

教室里一片嗡嗡声。别的老师总是把交情好的分开。显然，新来的这位不懂规矩。

每当我抱怨新教师的奇思怪想的时候，母亲总是安慰我说："特里，他只是个男的罢了。他只是个人，和别人一样。"

但事实证明她错了。在我的生活中，他绝对是一个与众不同的人。

就在第二天，我正冲着作业本上的数学题犯愁。瑞哈特先生在我的课桌前停了下来："有问题？"

我默然地点点头。

"你找你的同桌帮忙了吗？"我还没来得及摇头，他就轻声地提议道："你为什么不呢？"

我的朋友瞅了一眼我的本子，说："你怎么弄的，到底动脑筋想过没有，弄得这么乱。"她用她的橡皮擦把我的本子上乱七八糟的涂鸦和深浅斑驳的橡皮痕迹清理干净。"这样！"她说，"干干净净地从头开始。就大不一样了！"

确实如此，如果不是我朋友的建议的话，我绝想不到。

上班会时，瑞哈特先生也与别的教师不同。他不会刻意地在自己周围划出"我是大人"的分界线。我们可以和他谈心，就好像他和我们一般大小，毫无拘束。轮到他说话时，他谈话的口气就好像我们都已经是成年人了。他兴趣盎然地倾听我们的意见，提出自己的非强制性的建议。

有一年，我的心里充满了对核战争的恐惧。每当进行防空演习的时候，我们就躲在课桌底下蜷作一团。有的人家里都修建了用作空袭避难的地下室。在我们的房子里，我们在壁橱里放了一个木箱"以防万一"。我和朋友们还不厌其烦地讨论"当我们被袭击的时候"，我们会在哪里？我们会在做什么？

一天在操场上，瑞哈特先生信步走过来，我问他的想法。

他毫不犹豫地说："因为生命无常，我们应该由衷地庆祝活着的每一分钟。"他抬头环视操场四周，玩格子游戏的孩子，跳绳的孩子，还有的孩子在踢毽子，又自言自语地补充说："一定要做你最喜欢做的事情。"对我而言这显然是他的肺腑之言。

我对15年级的体育课简直是恨之入骨。我没办法协调有序地挪动两条过长的双腿跑步，我对球都无可奈何，无论是接、打，还是扔。在那几年里，我参加体育运动只是因为不得已。

在学校昏暗的半地下室里有一个快餐厅和体操队在雨天用来活动的大房间。瑞哈特先生就利用这个地下室的房间上他的体育课：跳舞。运动就是运动。一想到换个法子的折磨，我的手心就紧张得出汗。"要勇敢！"上课第一天瑞哈特先生在我的耳边低声说。

我们跳华尔兹，学习波尔卡舞，但大多数时候我们都跳四步舞。我们的教师负责喊口令，放录音，示范表演，手把手地教，身兼数职。我惊讶地发现每一个人，甚至班上的跑步健将，最棒的玩球好手，比起我的毛手毛脚来说只能说是不相上下，甚至是有过之而无不及。这样一来，跳舞对我来说就不是那么难以忍受了。整个冬天只看见我们昂首挺胸地合着"铃儿响叮当"的曲子舞步翩翩，厨房里飘来阵阵意大利面条的香气，混合着消毒水的味道。冷硬的寒风拍打着地下室地面上的半扇窗户。

当我和瑞哈特先生搭档的时候，他轻声地在我的耳旁数着节拍。等到舞曲结束，他轻声说："你跳得很棒。别忘了我说的话。"真是太有趣了，我已经忘记了这也是运动之一。

"作为社会实践的一部分，我们要成双成对地在班级面前汇报演出。要有"创意。"瑞哈特先生鼓励我们说，"使它成为一种乐趣。"

我的朋友和我，两个同样害羞，拘谨，羞于登台的人选择了"圣弗朗西斯科"这首曲子作为伴奏音乐。我们抓紧课间休息时间练习，在午餐时间练习，放学后继续练习。就这样练习了好几个星期，直到舞技纯熟，自然流畅。

尽管我已经对所有的舞步了如指掌，但临到表演那天早上，站在舞台上，就像有人掐住了我的脖子一样快喘不过气来了。我凝望着站在房间最后面的瑞哈特先生，他微微一笑，点点头，好像没有看见我因为惊恐而痉挛。

"棒极啦！"当我们跳完后鞠躬谢幕的时候，他喊道——像打雷一样噼哩啪啦地拼命鼓掌。无疑他的掌声更多的是献给我们的自信，而非我们的舞技。但在那一刻，我的骄傲与沐浴在观众奉献的的花雨中百老汇的明星比起来也毫不逊色。

"你意外吗?"当天课后我们问瑞哈特先生。

"一点儿也不。"他摇摇头。"你们很勇敢，就像我期待你们的那样。"

"我不勇敢。"我坦白说，"我想哭或者甩手不干或者干脆跑出教室。"

"是的。但是无论如何你没有那么做，这就叫勇敢。不是你怎么想，而是你怎么做。"

啊！他的话像箭一样射中了我的心，我的眼睛倏地一下亮了，恍然大悟。这是我生命中几次最振聋发聩的"啊"的经历之一。

那天晚上吃牛排的时候，妈妈问："今天你在学校里学了些什么?"我毫不迟疑地回答："真正的勇敢。"

但是我心知肚明，当我离开瑞哈特先生的班级时，用以武装自己的知识是任何测验也无法考查的：团结，乐趣，尊重，勇敢。在我的一生留下了不可磨灭的印记。

58分与"受虐"教育

◇ 崔米娜

为什么每一场测验给这些不过10岁的小孩子带来的都是深深的焦虑和自责呢？

上周，我10岁的儿子告诉我，他在语文测验中得了58分。

58分？按正常反应，我会马上从椅子上蹦起来，从他手里抢过试卷看看他是不是真的得了这么失败的分数。但跟中国的学校打交道多了，我知道不应该这么冲动。

我平静地望着他，问道："全班平均分是多少？"他答："46分。"46分？我心里迅速算了一下，58分比46分高了12分，好像还不差。但是，在我决定是微笑着拍拍他还是严厉地教训他之前，还需要知道另一个关键信息。

我接着问："班上最高分是多少？全年级呢？"他怯怯地说："是75分。"

我想了想，58∶75，我应该接受这个成绩吗？还是冲他发火，或者把卷子先拿过来看个究竟？

我又问："你在班上排第几名？"这一回，他高兴地回答说："第五。"第五名，他显然对这一点很满意。这也是可以理解的。58分虽然不是75分，甚至这个比例的分数也不相当于100分里的90分，但他仍然在全班排第五。这对他来说非常好了，我也能够接受。

在跟孩子一起经历了4年的中国小学教育之后，我已经知道，分数要在比较后才有意义。这次测验前5天，儿子在另一场数学测验里得了91分。但他的名次呢，只是第18名，42人里排第18。换句话说，有17个孩子得了比91分高的分数。

两周前，我在他的课堂练习本上瞥见了一个奇怪的数字——用红笔写的8。儿子见状想把练习本藏起来，但我眼疾手快地抢了过来。

"这个 8 是怎么回事？"我询问道。他很不情愿地承认说，自己在这场语文小测验里得了 8 分。

我怒视着他问："为什么只得了 8 分？"他一副很沮丧的样子，双手抱头，差点要把头发揪下来。"因为每错一处，老师就扣掉 5 分。"他接着又解释说，8 分其实并不算很差，因为按老师的计算方法，如果某个小朋友错太多处的话，甚至可能得到负 400 分。

当时他看起来像是随时都可能爆发的样子，所以我也没敢问他全班最低分是多少。也许是负 150 分，当然也可能就是他的 8 分。他看起来已经很难过了，所以我没再问。

后来我和一些中国朋友说起这几件小事。一位大学毕业不久的朋友叹了口气说："中国的教育制度从来不鼓励小孩，而是一种'受虐'教育。"另一位 19 岁就从复旦毕业的智商很高的朋友则耸耸肩说："不知道为什么，中国的学生即使成绩很好，也不够自信，自我感觉不够好，永远焦虑，害怕自己从那架竞争的梯子上摔下来。"

21 年前，我的这位朋友上的是某中学的提高班，班上每学期都会淘汰分数最低的 5 个人。她告诉我，尽管她现在很有成就，但当年，有几个月当她发现自己的成绩接近被淘汰时，真是恐慌难言。

我的大部分学业都是在美国完成的。美国的标准比较简单，小学生的分数只要不在 88 分~90 分以下，就算不错了。但现在，我不得不认真衡量每一个 8 分、58 分和 91 分。我已经明白，这些分数的绝对值并不意味着他考砸了或是考得很好，它们只有被放在"上下文"里时才有意义——他排第几名？

但是，当我看到孩子带回家的一个又一个五十几分和七十几分后，我不禁想：小学生的打分制度是不是可以改一改，变成一种只会直线向前、让孩子可以预期自己的进步，从而感觉更自信和能掌控的方法？为什么每一场测验，给这些不过 10 岁的小孩子带来的都是深深地焦虑和自责呢？

即便我儿子的 58 分是个足够体面的分数，它还是比 100 分差了 42 分。那个得了 75 分的孩子，回家后又是不是真的感觉像个冠军呢？或许，他回家后在想：我还要多学习几小时才能在下次考试里得到 90 分？

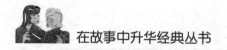
当你从斯坦福毕业的时候

◇ 卡莉·菲奥里娜

我在斯坦福进修的课程中最有价值的并不是经济学。

每周，我们都被要求阅读一本中世纪的哲学巨著，一周大概得读上 1 000 页。到了周末，我们要把哲学论文缩写成薄薄的两页。过程大致如下：首先把书的内容缩减为 20 页，然后再减到 10 页，5 页，最后只剩下 2 页——一张纸正反两面的两页。所有无关紧要的旁枝末节统统去掉、缩减，只留下最根本、最重要的两页。到了下一周，又从另一部鸿篇巨制开始。这样一来，我所读过的哲学思想和意识理念自然在脑海里留下了印象。让我觉得最学有所得的就是这种严苛的凝练和浓缩过程，能够掌握这种奇妙的技巧真是令人兴奋。多年来我一再地把它付诸实践，用智慧去浓缩，凝练，去伪存真，直达事物的本质。

课堂上所学到的掌握知识的过程也是人生的过程。因为每个人的人生都是一项庞大的工程，有着与生俱来的天赋和种种偶然所造就的素质。

当你从斯坦福毕业的时候，你带着十年寒窗、家庭门第、世故历练等积累的数千页个人资料。而你真正的自己，你的本质，你的精华就埋藏在这千页纸张的下面。那么，你该如何凝练你的人生呢？

国外孩子读不懂阿凡提

◇ 蔡真妮

　　我现在教课的中文班学生都是十二、三岁，在美国上初中。课堂使用的教材是暨南大学为国外中文教学编的一套 12 册的中文课本。上个星期天上课，学到了一篇课文：《阿凡提借锅》。

　　故事说的是阿凡提到地主家借锅，还的时候锅上还放了一口小锅，地主就问："你只借了一个锅，怎么还回来了两个呢？"阿凡提回答借去的这口锅在他家生了一个小锅，所以一起还回来了。地主很高兴地收下了，告诉他以后想用锅就来借。很快，阿凡提将地主家最大的那口锅借走了，然后一直都没有还。地主去要，阿凡提说，那口锅死了。地主很生气地问："锅怎么会死呢？"阿凡提回答："锅都可以生孩子，怎么就不会死呢？"地主很生气但是拿他没有办法。

　　读完了课文，我和孩子们讨论这个故事，他们的回答颠覆了我以前对于阿凡提的印象。

　　老师：关于这篇课文，你们有没有不懂的问题？

　　学生：什么是锅？

　　老师：锅就是做饭做菜用的那个工具。

　　学生：家里做饭用的东西，应该属于比较私人的物品，阿凡提为什么要到别人家去借呢？

　　老师：因为他比较穷，家里没有足够的锅用，就需要借了。

学生：哦，那什么是地主？

老师：地主就是农村里比较富裕的人，家里通常有很多田地，雇人来耕种。

老师：你们读了这个故事之后，有什么感想？

学生：我不喜欢这个故事，也不喜欢这两个人，他们都欺诈、贪婪。这种文章不应该放在教科书里，会教坏小孩的。

学生：我觉得这个阿凡提看似聪明，实际上很蠢，花那么多心思合计圈套，就是为了用一个小锅骗来一个大锅，还是个旧锅。

学生：他之所以穷得要借锅，大概就是因为只想着不劳而获，耍诡计骗别人的东西。

学生：是啊，如果他把用来买那个生出来的小锅的钱攒起来，再去干活赚点钱，就可以自己买一口大锅了，何必去骗人。

老师：你们说得对，努力工作自食其力是做人的本分。

学生：还有，他再去跟别人借东西，肯定没人会借给他了。

学生：就是，他借东西不还，失去信用了。

老师：那你们对地主这个人物怎么看？

学生：他太贪心了，第一次阿凡提还锅的时候，多还的那个锅不是属于他的，他就不应该要。

学生：他没有做人的原则。

学生：是啊，他有钱应该主动帮助穷人，做慈善事业才对。

我记得自己小时候读阿凡提的故事时，都是讲他多聪明有智慧，和地主斗智斗勇，总是可以斗败愚蠢又贪婪的地主，是个正面人物形象，而在这些受美国教育的孩子们的眼里，他却是个既狡诈又愚蠢还没有信用的人。

仔细想想原因，阿凡提的故事实际上有背景，那个地主向来自私贪婪对雇工又苛刻，穷人都对他敢怒不敢言，只有阿凡提能对付得了他，经常让他吃个亏出个丑，为穷人出口气。当老百姓被欺诈剥削任人宰割到毫无反抗能力的时候，阿凡提这样的人物就为弱势力大众提供了发泄对恶势力不满的

渠道。

"为富不仁""杀富济贫"好像是我们文化中根深蒂固的东西。

美国长大的孩子生活在法制社会，尊崇诚实努力个人奋斗，欺骗撒谎没有信用都是让人唾弃的行为，在不提供背景材料的情况下，单纯从一个故事，孩子们很难接受把阿凡提作为一个正面人物来看待。

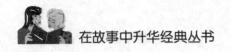

我为什么还在当教师

◇ 布伦达·弗洛拉·西勃多

有些人从事教书这一行当是因为有一种使命感。而我不是，我纯粹是偶然的。

高中毕业那年，老师们问我毕业后打算干什么。

"找个活儿干呗。"我答道。尽管我是个颇为优秀的学生，可我从来没有真正考虑过要上大学——部分原因是上大学的费用问题。

我的老师很震惊，劝我再想想。他们说，你必须上大学。如果你需要钱，可申请些奖学金，我们会帮助你的。他们果真说到做到，提名让我享受多种奖学金。

我是在填申请表的时候才决定当教师的。不是因为教育有什么特殊的魅力，而是除此之处，我只对父母工厂里的活计有点了解，觉得教书要比干那些活强，因此我就选择了教书。

然而，在第一年执教期间，我开始嘀咕我是不是作了错误的选择。情况同我所期望的相去甚远。我在校读书时始终是认认真真的，可这些家伙……对于作业潦草、迟交或者完成不了作业——甚至干脆不做作业，他们都满不在乎。

到第二、第三和第四年过后，我应该对此司空见惯了。可是我却感觉自身的幻想在日益破灭。

我也得不到其他补偿。我的工资低，而且由于工资冻结，这种窘境一直持续了4年。我是单身，婚姻无望（在一个妇女占多数的领域中，我本应该预想到这一点）。而我的教学成就获得哪怕是一点点认可的可能性看来都是很渺茫的。

给我一个充分的理由。

然而，第五个年头的经历确实对我产生了影响。

在开学的第一天，我以前教过的一个学生来看我，他耷拉着脑袋，慢慢地走进房间。

"我有一个坏消息。"他说。然后，他告诉我，我以前教过的一个学生在前一天晚上自杀了。

自杀的这个少年是我在这所学校教的第一批学生中的一个。这孩子很合群，同学们都喜欢他。

但是很显然这仅仅是表面现象。他自杀的那天晚上，他给他妈妈留了张条子，问她是否真的爱他。他告诉她，他到附近的一个公园去了，在那儿等她。条子上还写着，如果她爱他，就应该在午夜前去公园救他，否则，他就开枪自杀。

晚上十点半左右，他把条子留在厨房的桌子上。午夜以前，他妈妈没有到公园去，他便真的自杀了。

他不知道的是，他妈妈那天晚上必须比平日晚些下班，午夜后她才看见那张条子。我听到这消息，几乎瘫成一团。但心头的疼痛才刚刚开始。

此后不到一个月，一个学生走近我，问道："您认识安妮·史密斯吗？"

"哦，认识。"我说。安妮具有能使互相闹别扭——甚至快要动手互殴的学生握手言和的非凡本领。在同伴中，她是个擅长调解的人，只是没有那头衔罢了。

"唉，她昨晚死了。"这个学生说。安妮和两个朋友一起坐一辆小汽车，她坐在前排。事故出得蹊跷，车翻了个筋斗，她被压死了。这么短的时间里就走了两个！

就像这年的开头糟糕得还不够似的，不久我听说我的班里有个同学怀孕了，而她妈妈正逼她去流产。就在这同一个班里，一个13岁的男孩使他的女朋友怀上了孩子。还有，我以前的学生又有一个自杀了。

我陷入了深深地绝望之中，简直让我想不出一个继续当教师的充分理由。

"老天爷啊，"我大声呼喊着，"为什么我不在某个工厂找个活干，挣更多的钱，结识更多的男人，免得遭受孩子们死亡带来的伤痛？"

咱们做个交易吧。

不久，我的答案就来了。一个周末，我去了单身静修所。开场白的题目是"咱们做个交易吧"。在每扇门后面，上帝都送我一条启示。

第一扇门后面，是一条关于声望和认可的启示。

"让我们谈谈声望，"讲话者说，"理查德·普赖尔是个名人，可据说他是个瘾君子。由于吸毒成瘾，他意外地引火烧身，眼下正在痛苦中煎熬。声望也不能保护他，他还是陷入了绝望。"

第二扇门后面，是一条关于财富的启示。演讲者讲了大约20位有钱人的故事，这些人就其财富和这些财富是如何获得的接受了采访。大约10到20年后，又对这些人进行了跟踪采访，了解一下他们的境况如何。结果，其中许多人已经破产，一些人自杀了，其他人则被送进了精神病院。没有一个人拥有可与原先相比的财富。

第三扇门后面，是一条关于婚姻的启示。

"婚姻会带来真正的幸福和满足吗？"讲话者问。"好吧，问问约翰尼·卡森。他结过几次婚？他付出了几千元的赡养费？"

上帝迅速解开了我心中的疙瘩——只有一个除外：学生们正在死去或正在毁灭自己的生命，我为此感到痛苦和无助，我应该怎么办？我不能当教师，我的心头承受不了这样沉重的负担。

但是上帝没有讲完。

最充分的理由，就在那个周末的星期天，我去听了一场由当地一个青年小组举行的音乐会。歌手是些中学生和年轻人。在音乐会快要结束时，歌唱小组的组长走到前面，介绍了一首有关他们最近失去的一位朋友的歌曲。这位特殊的朋友有个本事，能够和把大伙差不多都得罪遍了的人交往。

一天傍晚，她和别人要在一位朋友家会面，共进意大利面条晚餐。组长想给她去个电话，然后去接她。但他知道，她会同一个他不喜欢的人呆在一起，因此决定不打电话，不去接她了，直接到朋友家去。

"除她之外，大家都到了朋友家，因此，我们决定再等一等，"组长说，"过了好像不知多久，另一位朋友给我们不幸的消息：在过来的路上，她死于一起车祸。"

"我们简直身心交瘁。"他说。

他们开始唱这支歌，我倾听着。歌的名字叫《我一直要你做的是去关爱

他们》。

突然间我认识到，我要离开的最大理由也正是我应该留下来的理由：为了痛苦的孩子们。也许我不能挽救每一个人，也许我会常常体会心痛的感觉，但有件事情我可以做。

只要他们同我在一起，我就会关爱他们。

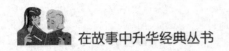

总统的十三个电话

◇ **赵功强**

在危难之时惦记着他人，不忘自觉履行分外的职责，这是一份担当，也是一种博爱。

去年 8 月 28 日，正在阿根廷参加南美洲国家联盟特别首脑会议的哥伦比亚总统乌里韦出现了流感症状，他随即回国接受了检查。检测结果显示，乌里韦感染了甲型 H1N1 流感病毒。

住进了病房之后，乌里韦并没有安卧病床，他拿起电话，开始拨号。

第一个电话打给自己的总统办公室秘书。乌里韦吩咐秘书务必前往花店为自己的妻子订一束鲜花，于当天晚上 6 时送到家中妻子的手上。乌里韦的妻子是一个艺术学院的教授，两人 34 年的婚姻和谐美满。赴会前，乌里韦对妻子说过返回的当晚共进晚餐。现在出现了变故，乌里韦觉得应该向妻子表示歉意。

第二个电话直接打给了妻子。简单解释之后，乌里韦拜托妻子一件事，让妻子今明两天设法制造家里停电的假象。他不想让自己 80 高龄的老母亲通过电视新闻知道自己患病的消息。

接下来，他先后拨出了 11 个国际长途，与 11 个国家的元首一一通话。乌里韦回忆起与会期间，自己曾经先后与阿根廷等 11 国首脑有过接触。在通话时，乌里韦建议他们立即进行身体检查，同时为自己无意中带给他们患病的可能性表达了歉意。

你唯一有把握的是成长

◇ **武占榜**

我还记得我第一次采访基辛格博士，那时我还在美国留学，刚刚开始做访谈节目，特别没有经验。问的问题都是东一榔头，西一棒子的，比如问：那时周总理请你吃北京烤鸭，你吃了几只？你一生处理了很多的外交事件，你最骄傲的是什么？

后来在中美建交 30 周年时，我再次采访了基辛格博士。那时我就知道再也不能问北京烤鸭这类问题了。虽然只有半小时，我们的团队把所有有关的资料都搜集了，从他在哈佛当教授时写的论文，演讲，到他的传记，有那么厚厚的一摞，还有七本书。都看完了，我也晕了，记不清看的是什么。虽然采访只有 27 分钟，但非常有效。

真是准备了一桶水，最后只用了一滴。但是你这些知识的储备，都能使你在现场把握住问题的走向。

记得我问他的最后一个问题是：这是一个全球化的时代，有很多共赢和合作的机会，但也出现了宗教的，种族的，文化的强烈冲突，你认为我们这个世界到底往哪去？和平在多长时间内是有可能的？

他就直起身说，你问了一个非常好的问题。随即阐述了一个他对和平的理解：和平不是一个绝对的和平，而是不同的势力在冲突和较量中所达到的一个短暂的平衡状态。把他外交的理念与当今的世界包括中东的局势结合，作了一番分析和解说。

这个采访做完，很多外交方面的专家认为很有深度。虽然我看了那么多资料，可能能用上的也就一两个问题，但事先准备绝对是有用的。所以我一直认为要做功课。我不是一个特别聪明的人，但还算是一个勤奋的人。通过

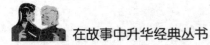

做功课来弥补自己的不足。

作为记者和访谈节目的主持人，我也许还有一个优势，就是容易和别人交流。

1996 年，我在美国与东方卫视合作一个节目叫《杨澜视线》，介绍百老汇的歌舞剧和美国的一些社会问题。其中有一集就是关于肥胖的问题。一位体重在 300 公斤以上的女士接受了我的采访。大家可以想象，一般的椅子她坐不下，宽度不够，我就找来另外的椅子，请她坐下，与她交谈。最后她说：我一直不知道中国的记者采访会是什么样？但我很愿意接受你的采访。我就问她为什么？她说别的记者来采访，都是带着事先准备的题目，在我这挖几句话，去填进他们的文章里。而你是真正对我有兴趣的。这句话给我的印象很深。所以在镜头面前也好，在与人交流时也好，你对对方是否有兴趣，对方是完全可以察觉的。

我做电视工作已经 17 年了，中间也经历了许多挫折。比较大的，就是 2000 年在香港创办阳光卫视，虽然当时是抱着一个人文理想在做，至今我也没有后悔，但由于商业模式和现有市场规则不是很符合，经历了许多事业上的挫折，这让我很苦恼。因为我觉得自己已经这么努力了，甚至怀孕的时候，还在进行商业谈判。从小到大，我所接受的教育就是：只要你足够努力，你就会成功。但后来不是这样的。如果一开始，你的策略，你的定位有偏差的话，你无论怎样努力也是不能成功的。

后来我到上海中欧商学院进修 CEO 课程，一位老师讲到一个商人和一个士兵的区别：士兵是接到一个命令，哪怕打到最后一发子弹，牺牲了，也要坚守阵地。而商人好像是在一个大厅，随时要注意哪个门能开，我就从哪出去。一直在寻找流动的机会，并不断进出，来获取最大的商业利益。所以听完，我就心中有数了——我自己不是做商人的料。虽然可以很勤奋地去做，但从骨子里这不是我的优势。

在我职业生涯的前 15 年，我都是一直在做加法，做了主持人，我就要求导演：是不是我可以自己来写台词？写了台词，就问导演：可不可以我自己做一次编辑？做完编辑，就问主任：可不可以让我做一次制片人？做了制片人就想：我能不能同时负责几个节目？负责了几个节目后就想能不能办个频道？人生中一直在做加法，加到阳光卫视，我知道了，人生中，你的优势可

能只有一项或两项。

在做完一系列的加法后，我想该开始做减法了。因为我觉得我需要有一个平衡的生活。我不能这样疯狂的工作下去。所以就开始做减法。那么今天我想把自己定位于：一个懂得市场规律的文化人，一个懂得和世界交流的文化人。在做好主持人工作的同时，希望能够从事更多的社会公益方面的活动。所以可能在失败中更能认识自己的比较优势。当然我也希望大家付出的代价不要太大就能了解自己的比较优势和缺陷所在。

这一辈子你可以不成功，但是不能不成长。

我想说的是每个人都在成长，这种成长是一个不断发展的动态的过程。

也许你在某种场合和时期达到了一种平衡，而平衡是短暂的，可能瞬间即逝，不断被打破。成长是无止境的，生活中很多是难以把握的，甚至爱情，你可能会变。那个人也可能会变。但是成长是可以把握的，这是对自己的承诺。

我们虽然再努力也成为不了刘翔，但我们仍然能享受奔跑。

可能有人会阻碍你的成功，却没人能阻止你的成长。

换句话说，这一辈子你可以不成功，但是不能不成长！

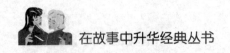

一个伟人的平凡

◇ 蒋子龙

一个谈笑风生的场合，有人话赶话地调侃托尔斯泰：你除了会写小说还能干什么？

当时在场的人都觉得这句玩笑话说得过分了，而且也不是事实。年近花甲的托尔斯泰并没有对朋友的嘲讽还嘴，不吭一声地回到家里，就忙起来了。他的"车间"紧挨着他的书房，当中一张大木台子上摆放着榔头、钳子、钢锯、锉刀等工具，墙上挂着干活儿时围的围裙……他为回应朋友的调侃，亲手制作了一双漂亮而结实的高勒牛皮靴，郑重地送给了大女婿苏霍京。

苏霍京哪舍得将老岳丈这么珍贵的礼物穿在脚上，便将皮靴摆上了书架。当时《托尔斯泰文集》已经出版了 12 卷，他给这双皮靴贴上标签："第13卷"。此举在文化圈里立刻传为佳话。托翁知道后哈哈大笑，并说："那是我自己最喜欢的一卷。"

托翁乘兴又做了一双半高勒牛皮靴，送给了好友——诗人费特。费特灵机一动，当即付给托尔斯泰 6 卢布，并开了一张收据："《战争与和平》的作者列夫·尼古拉耶维奇·托尔斯泰伯爵，按鄙人订货，制成皮靴一双，厚底，矮跟，圆勒。今年 1 月 8 日他将此靴送来我家，为此收到鄙人付费 6 卢布。从翌日起鄙人即开始穿用，足以说明此靴手工之佳。空口无凭，立字为证。1885 年 1 月 15 日。"后面还有费特的亲笔签名，并加盖了印章。

手艺是精神的标记，行为体现了一个人的思想面貌。现代年轻人厌恶体力劳动，拒绝学习和掌握一门手艺，不管喜欢不喜欢读书，读得好和读不好书的人，都一窝蜂地往上大学一条道上挤，正应了契诃夫的话："大学培养各种才能，包括愚蠢在内。"

而托尔斯泰，被誉为"全人类的骄傲"。他的全集出版了 90 卷，是"每一个作家必读的百科全书"、"文学艺术中的世界性学校"，其精神之丰富、深邃和博大，为世人所叹服。况且又货真价实地出身贵族，可以顺理成章地当个令现代人无比羡慕的"精神贵族"。而最让托翁深恶痛绝的也正是这种贵族意识。

列宁称"在这位伯爵以前的文学里，就没有一个真正的农民"。他比国家废除农奴制早 4 年就解放了自己庄园里的农奴，还一直想把属于自己的土地转赠给农民，让自己的作品自由地无报酬地任由想出版它们的人去出版，为此不惜跟家人一次次闹僵。到 82 岁时还离家出走，想去当个农民，过一种自食其力的生活，在普通的劳动者中间度过残年。

他到临死都信奉："劳动，只有在劳动中才包含着真正的幸福。"

有一次托翁路过码头，被一位贵夫人当作搬运工，叫过去扛箱子。他为贵夫人搬运完箱子还得到了 5 戈比的奖赏。这时码头上有人认出了托尔斯泰。他的大胡子和身上那件自己设计的"托尔斯泰衫"，太好辨认了。于是许多人围过来向他问好，那位贵夫人见状无地自容，还想要回那让她含羞的 5 戈比，却被托尔斯泰拒绝了："这是我的劳动所得，我很看重这个钱，不在乎有多少。"

伟大的精神导致伟大的劳动，强有力的劳动培养强有力的精神，正如钻石研磨钻石。本是伟大作家的托尔斯泰，却用自己的一生证实：体力劳动是高贵而有益的。轻视体力劳动和手艺，只说明精神贫弱，思想空虚。

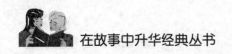

将老虎击下悬崖

◇ 古保祥

1947 年 10 月，西班牙马德里市的拳击馆内，一个愣头模样的小伙子，正在奋力击打一个男子模型，旁边，他的教练员不停地提醒他注意点精力，不可莽撞行事，要学会集中用力，不要任性。

这样的言论显然激怒了他，他不由自主地调转了方向，将手臂抡圆之后击中了教练的头部。

教练应声倒下了，换来的是旁边学员的怒骂声，他们恨透了这个玩世不恭的家伙，不就是一场失败吗，竟然学会了以怨报德。

在刚刚结束的一场西班牙国内对阵赛中，这个小伙子败给了一个外号叫老虎的家伙，他就是一只老虎，学员们对小伙子有些不屑一顾，我们说过，你打不赢他的，你偏不信，他人高马大，你如一只蚂蚁，蚂蚁如何能够战胜得了大象，天方夜谭。

教练醒了过来，一边包扎着伤口，一边用手指着小伙子，这一拳打得好，用力准，焦点集中，你应该对老虎使用这种拳术。

教练没有骂他，反而在鼓励他，他感到羞愧，跑过去扑在教练的怀中号啕大哭。

教练告诉他，你应该树立一种勇气，在下一场比赛中，将老虎击下悬崖。

在众人的白眼中，这个小伙子重新踏上了征程，为了迎接半年之后的挑战赛，他遍访了整个欧洲大陆，当时，二战的残影仍然笼罩着整个世界，许多职业拳击赛并未开赛，无奈之下，他只身前往美国，他参加了美国的职业拳击赛，结果挨了无数打，在无数次的被动挨打中，他拾获了信心与勇气。

1948 年 4 月，西班牙全国拳击赛开幕，他一路过关斩将，命运安排的如

此巧合，他在小组赛中重新遇到了那个叫老虎的拳击手。

他不可一世地叫嚣着，显然对他满不在乎，他指着他，示意他过来，他会轻易地将他打飞的。

这个小伙子鼓足了勇气，他的眼前闪现着教练的嘱托，还有无数的冷笑与白眼，那一句铁骨铮铮的誓言依然响在耳畔，苍天保佑了他，他破天荒地在与对手的胶着中战胜了他一分，并且他坚持到了最后的胜利。

当掌声响起时，他满脸是泪，与教练紧紧拥抱在一起。

这个敢将老虎击下悬崖的西班牙人，名字叫做萨马兰奇，他后来成为国际奥委会的主席，领导国际奥委会进行商业化运作，使奥运会成为全球瞩目的盛会，他被国际奥委会授予终身名誉主席的称号，以褒奖他对奥运会的杰出贡献。

其实，命运也赐予了我们像萨马兰奇一样神奇的手，只要我们圆睁二目，鼓足勇气，以静制动，永不止步，照样可以将老虎击下悬崖，将失败和磨难打得七零八落。

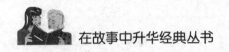

卡梅隆的梦想

◇ 子 先

美国时间 2010 年 1 月 17 日，素有"奥斯卡风向标"之称的第 67 届美国电影电视金球奖颁奖典礼在洛杉矶举行。由詹姆斯·卡梅隆执导的电影《阿凡达》毫无悬念地摘得最佳影片的桂冠，詹姆斯·卡梅隆也凭借该片赢得最佳导演奖。

从《异形》到《终结者》，从《真实的谎言》到《泰坦尼克号》，詹姆斯·卡梅隆的每一部制作，带给大家的都是无比的震撼。甚至可以说，中国人理解"大片"的概念，就是从 1995 年引进《真实的谎言》开始的。而他的很多拍摄手法，也在不同程度上影响了不少中国导演。尤其是卡梅隆的史诗般的巨作《阿凡达》，再一次被世人瞩目，面对这一切，卡梅隆表示，他只是一个追梦人，只是用最尖端的技术追逐年少时头脑中便存在的梦想。

逃离校园，成为电影人。

很多人都喜欢提及卡梅隆曾是卡车司机的经历，这显示出他其实挺平凡，不是一出生就是让人可望而不可即的天才怪胎。但是他那时，会不会总是抱怨油门"不给劲"？因为他是一个那么喜欢冲向前方的人，大嗓门咆哮着，尖锐的脸像个不可挡的利器，就算当上了电影导演，他也还是喜欢这一套，突然地一加速，电影史就甩在了身后。现在，尽管他已经被奉为"卡神"，但他其实也还是人世间的一位凡夫俗子。

1954 年 8 月 16 日，詹姆斯·卡梅隆出生在加拿大安大略省的一个中产阶级家庭，父亲是电气工程师，母亲是艺术家，这似乎注定他一生下来就具有工程和艺术两方面的才华。少年时的詹姆斯·卡梅隆曾和母亲学习过多年的绘画，并在家乡举办过画展，14 岁时，他看到大师斯坦利·库布里克的

《2001 太空漫游》，在电影院里连续看了十遍之多，从此在他心灵中萌发了制作电影的愿望，他开始用父亲的 8 毫米摄影机拍摄一些简陋的影片。

中学毕业以后，詹姆斯·卡梅隆被一所大学的物理系录取，但他很快就对大学的课程感到失望，跑出校园闯荡社会。他干过机械修理工，给别人开过大卡车。1977 年，看了乔治·卢卡斯的经典科幻影片《星球大战》后，詹姆斯·卡梅隆激动地意识到这就是他想要创造的东西并确立了自己的人生方向，从未接受过专业训练的他开始到处寻找机会成为电影人。

他的才华很快就得到了好莱坞制片人罗杰·卡曼的赏识，从罗杰·卡曼那里他得到了人生第一份电影方面的工作——为卡曼工作室 1980 年的影片《星空大战》制作特技模型，第二年他就升职为这个工作室的另一部影片《恐怖星系》的第二小组导演和电影制作设计师。因此，在詹姆斯·卡梅隆的电影里，卓越的特技制作不但总是创造出令人目瞪口呆、热血沸腾的视觉效果，而且能够和情节自然地融为一体，丝毫没有生硬和炫耀的感觉。自此，卡梅隆成为了电影圈中一个极富艺术家气质的科技工作者。"3D 只是令我顺手的工具而已。"

尽管这些年来卡梅隆埋头于各种机器零件，但他显然不想被封为"技术派"，他甚至希望人们忘记这些。接受采访时，他刚刚说出几个专业词语，诸如"3D 虚拟影像撷取摄影系统"、"表情捕捉"之后，便自觉其枯燥而连连道歉："我希望人们遗忘技术，就像你在电影院看到的不是银幕而是影像一样，一切技术的目的都是让它本身消失不见。3D 不是《阿凡达》的一切，3D 就是想让银幕消失得更加彻底，让生活在三维空间里的人们也能够在电影院里回归到三维的立体感当中，把沉迷于电脑、电视的观众拽到电影院去。"

卡梅隆也提醒电影导演不要陷入技术的误区，他说没有故事，就没有呈现，技术不神秘，不要让它控制自己。因此，与"科幻巨作"这个头衔相比，卡梅隆宁可让《阿凡达》被称为爱情片。

"如果你现在再去拍《泰坦尼克号》，会有什么不同吗？"卡梅隆舒了口气："我肯定不会再造一座 750 英尺长的船模了，只要在大的计算机成像片场里造一座小一点的就够用了。我也不会为了等一个完美的日落场景花上七天时间，我们现在可以在绿幕前随心所欲地做出世界上最好看的落日。"

"你吓不倒我，因为我是在为卡梅隆工作。"

1981 年，卡梅隆执导了自己的第一部作品《食人鱼2：繁殖》，不过这次拍摄并不愉快，他在片场更像是杂役。片方对这个年轻导演极为轻视，甚至不让他参与剪辑，气愤的卡梅隆用一张信用卡撬开了工作室的门，设法学会了使用意大利的剪辑机，用几个星期剪辑了整部片子。卡梅隆从此下决心不再为任何人卖命，一定要制作自己的电影。

也许是对电影过多苛刻的要求，詹姆斯·卡梅隆总想把自己的电影表现得趋于完美，这就使得他在片场获得了苛求、专横的"暴君"称号，就连当年拍摄《泰坦尼克号》的男主角里奥那多·迪卡普力奥都多次声称自己快要受不了了："他简直就是一个魔鬼，为了一个有可能会通不过审查的镜头，我们就要泡在海水里一整天。"

卡梅隆曾在工作室夺过特效师的笔，亲自绘制道具手稿；他曾威胁《泰坦尼克号》的制片人，要是不让他按他的预算和想法拍某场戏就立即自杀；在拍摄《深渊》时，卡梅隆让女主演一直待在水下，以至于差点把她活活淹死，而男主角——硬汉子艾德·哈里斯由于无法忍受卡梅隆带来的压力，在回家的路上曾忍不住失声痛哭。

但是，也有跟卡梅隆合作过的演员对他追求完美的性格表示赞赏的。"像'不行'、'不可能'、'办不到'这样的字眼，对卡梅隆来说，都是借口。这么多年的从业经历、外界的质疑都是成就他今日电影帝国的基础。"与卡梅隆有多年交情的演员比尔·帕克斯顿说。好莱坞老牌女星西格妮·韦弗则如此评价卡梅隆："在拍片时，他的确希望拿我们的生命和肢体去冒险，但他也毫不介意拿自己的去冒险。"

还有一些人为卡梅隆的才华所倾倒，追随他多年，成为其固定合作伙伴。他们甚至敢于在 T 恤上印上这样的话："你吓不倒我，因为我是在为卡梅隆工作。"

高考状元的退学之路

◇ 陌上花开

柏邦妮，80后女孩，北京电影学院文学系在读研究生。她曾因成为退学的高考状元而备受关注，也曾因《写给妹妹的一封信》而走红于网络。最近一次"亮相"，则缘于年轻如斯的她成为新版《红楼梦》主力编剧。

柏邦妮原名张珊珊，1982年出生于江苏连云港，父母都在科研单位上班。尤其是讲究的母亲，是小邦妮最好的生活老师。有一次，母亲高烧到神志不清，送她去医院前，她却挣扎着爬起来说："不给我化妆，我不出门！"这一幕，多年后的柏邦妮仍然印象深刻："母亲对妆容的坚持，简直就是一种了不起的生活态度：一个女人，无论何时，都要美丽骄傲地面对生活，高高地抬起自己的头颅。"这份自立与自信，一直伴随柏邦妮至今。

高考那年，柏邦妮不负父母所望，以全省艺术类状元的高分考进南京艺术学院。谁也没有料到，柏邦妮来了个大转弯：当了一年的乖学生后，她对电影艺术产生了兴趣，竟然决定退学！家里人万分劝阻。柏邦妮坚持自己的意见，"那我到北京电影学院当旁听生去。"就这样，柏邦妮拖拉着12捆书和4个编织袋，成为校史上第一个退学的人。

反正已经被贴上"叛逆"的标签，在北京电影学院，柏邦妮变得更加随意坦荡：住在北影厂每天15元钱的招待所，交1万元的昂贵学费，一天看四部电影，背英语到深夜两点，逃一切她认为没价值的课，听一切她感兴趣的，混进文学系所有班级。

20岁那年，柏邦妮看了一部美国电影——《邦妮与克莱德》，当她看到那个双手持枪的女主角柏邦妮，与强大命运作永久的斗争，决不屈服，最后在阳光下身中167枪无比壮丽死去的镜头时，她心动了，那一刻，她给自己起了一个响当当的笔名——柏邦妮。从此，张珊珊变成了柏邦妮。

而这一名字真正为人所知是因为一封题为《写给妹妹的一封信》的家书。这封信在网上大肆流传，被引为给年轻女孩指导生活的经典之作，"柏邦妮"开始频频出现于各大网站的专栏。她的文字干练、直接，但富有精神张力及生活气息。

2003年9月，有伯乐请柏邦妮撰写一个电视剧剧本。那时，《水浒传》火过不久，柏邦妮特喜欢里面的燕青，觉得这个人物大有题材可挖，于是噼里啪啦写起了30集的电视剧剧本《浪子燕青》。平均每天2.5万字，一个半月完成初稿，再用一个半月修改6遍，惴惴不安地送交导演。

导演对柏邦妮是否找枪手帮忙深表怀疑，因为在他看来，一天1万字已是极限。柏邦妮丝毫没有为自己"申辩"，反而乐得不行：为期三个月的卖命写作，换来了20万元。柏邦妮用这笔钱在老家为父母买了一套宽敞的房子，付了首期。自己的成长能让父母感到释然，是柏邦妮最想要的结果。

这一年，她念大三。

随着《浪子燕青》在各大卫视播出，柏邦妮开始为业内人所知，并不断有人向她约写各类剧本。柏邦妮照单接下，都市言情剧、古装武侠剧、民国土匪剧一一尝试过，其中包括备受好评、被誉为"中国大地上最后的神话"的电影《黄土谣》。

除了创作剧本外，柏邦妮在网站上的专栏一刻也没停下，其中包括敏感的两性话题，西祠的网友们亲切地称她为"西祠第一才女"。

柏邦妮还利用地利之便，采写了身边诸如赵薇、周迅等多位校友。后来通过圈内好友牵线，柏邦妮还成功采访了张曼玉、巩俐、李安、侯孝贤等大腕。

2006年，经过四年的旁听学习，柏邦妮成功考入到北京电影学院文学系攻读研究生。身份"转正"后，她有意放缓了剧本创作，追求精益求精。

这一年，柏邦妮还开通了博客，随意记录下生活中的点点滴滴。当时，柏邦妮还有一个习惯，每周一都会在自己的博客上发一个菜单，公布电话，接受北京网友的电话预定，周六一起吃饭，晚上再一起看电影……这样做的结果是：钱没了，朋友多了。

眼见银库告急，2008年3月，柏邦妮突然接到《红楼梦》筹备小组的电话，邀请她和另外 8 位年轻编剧一起编写新版《红楼梦》的剧本。这无疑是柏邦妮梦寐以求的重量级作品，但她仍有疑虑：自己能拿下来吗？导演李少红把所有编剧召集在一起，桌上放着很多零食，"红楼是一个关于成长与青春的故事，你们写，自然有着天然的感觉，这挺好的。"

《红楼梦人物谱》中涉及将近 700 人，而剧本暂定人物有 388 个。在柏邦妮负责的分集剧本中，有一幕是众人皆知的"黛死钗嫁"，这是全剧的高潮部分，也是最难把握和表现的一个场景。原著里，黛玉当时只有烧帕，以及说了一句："宝玉，你好，你好……"

一方面要忠实原著，另一方面又要按照导演要求体现出"凄惨而壮美"，难度可想而知。这一集写到最后，柏邦妮脑力几乎"灯枯油尽"，心灵却随着时光走进了曼妙的大观园……三个月后，这支被外界称为"青春梦之队"的编剧团队拿出了 50 集初稿，柏邦妮负责的最多，共 8 集。李少红看到"黛死钗嫁"这一集时，"感动得流泪了"。

剧本完成后，柏邦妮足足过了一个多月才完全回到现实生活中，但能看到自己笔下的文字变成真实的场景，心里有点小得意。

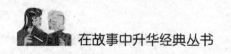

谁，在为我们写歌

◇ **刘文涛**

有很多人梦想着成为一名音乐家、歌手。因为，他们都喜欢音乐，喜欢唱歌，这是为什么呢？当然，谁都有自己的理想，但更多是受他们偶像的影响。

提及偶像，这比"音乐人"的话便滔滔不绝：潘帅、周董、至上励合、小猪、Jolin、王心凌、飞轮海、郑源、183、黑 girl、棒棒堂……，不错，这些人的歌声的确很迷人，他们确实很红，但是找一找他们的歌，听一听，你有什么感受？很明显，不适合我们。为什么呢？因为这些歌曲太成熟，我们现在还是在求学时期，并没有踏入社会，不应该接触这些歌曲。但是，不接触，我们能做到吗？

现在，电视上、网络上几乎所有的歌曲都是这种歌，即流行歌曲。流行歌曲又是什么呢？"情歌"。歌曲内容普遍"成熟化"，讲的都是爱情故事，分手、一个人孤独、失恋……这些歌曲使一些接触它的青少年（未成年人）心灵过早成熟，提前进入成年人的世界，当然，这也是青少年早恋的原因之一。

我们听歌的时间被这些歌掠夺以后，早已没有兴趣去听那些属于我们自己的歌曲。由于青少年生理、心理的成熟和对时间、潮流的追求，如果听到别人听那些非流行歌曲，第一反应便是：他 out 了！

青少年时期，我们该思考：谁在为我们写歌？

天才毁灭全过程

◇ 李珏秋

步骤一：0—6岁，将甲送入一所高级幼儿园，开始最完善的全面的教育，每早播放英语儿歌练习其听力，诵诗朗词，熟背三字经，勇夺小红花，每周六、周末学习钢琴、画画、语言、芭蕾、唱歌，尽管孩子不太愿学，不过在用心良苦的父母"管教"下终修正果。

步骤二：6—12岁，将甲送入一所高级小学，开始最周全最规范的教育，语文数学必争100，否则在家长面前请求签字时必是狂风暴雨。谨遵父母教诲，努力学习奥数，锻炼写作能力，家务不用管，看书为真理。为了不像其他差生被老师指定坐最后一排而努力奋斗，终于换来耀眼成绩及眼镜一副。

步骤三：12—15岁，将甲送入一所重点初中，开始最优秀最有实效的教育，七科门门竖起大拇指，小葱与蒜苗分不清又何干。好奇将录音机拆了被批成青春叛逆，应立志，踏实学习，好好奋斗，爱上做题。向往去森林一边探索未知被判成胡思乱想，太过危险，无知幼稚。渴求去火星寻找生命被喻为成绩下滑的依据。

步骤四：15—18岁，将甲送入一所重点高中，开始最立体最严格的教育。考考考，老师的法宝；分分分，学生的命根；背背背，做做做，题海战术，奋笔疾书，想要挣扎，苦海无边。再无任何"叛逆"想法，用功念书，才能争气，社会潮流，不可违背。终于得到成果——名牌大学录取通知书一份。

结果：寒窗苦读二十年，教育机器终将天才甲转化为人才一个。

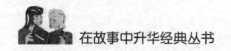

帮妈妈洗脚

◇ 杨映雪

每当望着妈妈筋疲力尽的模样，我想：妈妈太累了，听说泡脚能驱疲劳，不妨我也来帮妈妈洗洗脚，让她解解乏吧！小时候，无论我的脚有多脏，妈妈都会帮我洗得干干净净，现在该是我感恩的时候了。

于是，我便做起了为妈妈洗脚的准备工作。我先烧了一壶开水，拿来洗脚盆与毛巾，把滚烫的开水倒进盆里，又加了些自来水。紧接着，我又往盆中洒了些花露水，热气腾腾的洗脚水中飘散着一股淡淡的清香。

我把一盆洗脚水端到妈妈面前，笑着对妈妈说："妈妈，洗脚吧！"

妈妈疲惫不堪的面容里显出了惊讶："你怎么想到要帮妈妈洗脚？"

"妈妈，《三字经》里不是有句话说'香九龄，能温席，孝于亲，所当执'。黄香九岁就能帮父亲温席了，我都十岁了，难道还不能帮你洗脚吗？"

"噢？那可谢谢你了！"

"谢什么谢呀，'谁言寸草心，报得三春晖'，您的恩情，我一辈子也报答不了。我长这么大，你不知道帮我洗了多少次脚，我这一次算什么！"我说着便帮妈妈脱下鞋和袜子，让妈妈的脚浸入水中。

妈妈的脚冻得通红，显得又瘦又小。我捧着妈妈的脚，从上到下用毛巾小心翼翼地反复搓洗着，并用手捏揉。妈妈的脚经过一番按摩，渐渐地热了起来，水渐渐凉了，我又加了些热水，继续揉搓着……过了一会儿，我把毛巾拧干了，把妈妈的脚擦干净。

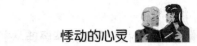

　　爸爸妈妈对我恩重如山，这情、这债，我是永远无法还清的！我只有平时做个有心人，抓住点点滴滴的机会，关心他们，用自己的实际行动来回报他们——常陪爸爸妈妈聊聊天，常帮父母做些家务。这些情感回报，对于我来说是力所能及的，但比起大人们对我的付出，这，显得太单薄、太渺小了！

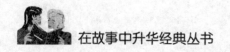
观察生活

◇ 高延萍

一个星期天的下午，我准备上超市去，儿子嚷着要跟我一起去，我说："你不是正在写作文吗？"儿子摸摸头说："我有点写不出来，你不是常教我写作文要观察生活吗？我今天就跟你去超市，观察观察一下生活。"

我猜儿子是不想写作业了，编个理由想跟我一起去玩，但我又想不出驳他的理由，就只好带他去。一路上，我还一直笑儿子是个"鬼灵精"哩！

进了超市，儿子果然东张西望起来，我正暗笑他装模作样，他却蓦地贴紧我身边，悄悄指着一个正在往出口疾走的大肚子孕妇说："妈妈，你看，那个大肚子怎么会跑得那么快呢？肯定是个假大肚子，说不定怀的是个'怪胎'哩！"

我一看，觉得儿子的观察与分析有点意思，我赶紧走到一个保安旁边，把儿子的怀疑告诉了他。保安立即飞快地跑去把那个"大肚子"孕妇拦了下来，我赶紧拉着儿子跟过去看个究竟。在保安严厉地审问下，那个"孕妇"果然乖乖地从大肚子里掏出来上十条烟。

儿子看了，笑着跳了起来道："妈，你教我观察生活真棒！"

我的娱乐场所在哪里？

◇ 陈 超

当一个小孩，真烦！

大人想去哪就去哪，不受任何人的约束。而小孩则不同，处处都要受到约束，没有属于自己的自由空间。就连娱乐场所都没有，大人的娱乐场所到处都是，保龄球馆、高尔夫球场等，都是大人的好去处。

当我想到村子周围的沟里、河里去玩时，大人们就会说："不行，你太小了，万一掉下去怎么办？"于是，我便千方百计地找借口说要到同学家，到朋友家去实际上，还不知道到哪里去呢？但即使是这样，那又如何，出去玩还都要撒谎。

我家屋后是一片碧绿的田野，春天到来时，便到田野空地上去放风筝。现在，那片田野上筑起了许多房屋，我们想去都没机会了。

网吧，是一些孩子的娱乐场所，但更多的则是大人的娱乐场所。因为青少年呆在网吧里，都不是为了学习，而是为了打游戏，所以毫无疑问，网吧也不可以去了。

我每天都要听到老师或父母的唠叨——好好学习，不然长大了就没出息等这一类的话。但如果每一个人都好好学习，这世界岂不是要乱套了吗？

大人们真自私，只知道自己玩，也不让我们小孩跟着玩。你看，大人的娱乐场所到处都是，而小孩真正能去的到底有几个，除了看电视，还能有什么呢？

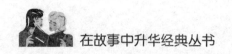

假爸爸，真爸爸

◇ **万安峰**

期中考试以后，王老师决定召开一次家长会。如果当着全体家长的面毫不留情地"数落"班上后进生，其家长难免有些下不了台。作为一个教龄十几年的老班主任，王老师不希望出现这种尴尬局面，所以她要求几名后进生的家长在会后主动留下来，共同商讨孩子的成长。

家长会如期举行，家长们对号入座，王老师一眼就能认出谁是哪位学生的家长。然而，就在这时，一个特殊的现象引起了王老师的注意：坐在李冬座位上的家长只顾低头吸烟，一言不发，一副心不在焉的样子。更使王老师惊讶的是他看上去顶多二十出头，在一堆三四十岁的中年家长中显得格外引人注目。都已经是六年级的学生，哪有这么年轻的爸爸？王老师不由得疑窦丛生，他知道李冬家是单亲家庭，只有爸爸管他的学习。她想，大概是李冬爸爸工作繁忙，所以就叫李冬哥哥来了吧？于是，王老师友好地冲他一笑，他也不自然地笑笑。

家长会结束了，几位后进生的家长如约留下来与王老师面谈。王老师在人群中搜寻着李冬的"家长"，可那位小伙子却已经不辞而别，只留下一个急匆匆的背影……

第二天早上，王老师找来李冬，问他昨天来的家长是谁，李冬涨红着脸，支支吾吾地说了半天，一口咬定就是他爸爸。

从李冬慌乱的神色中，王老师一眼就看穿他在说谎。

"真是你爸爸?"王老师追问。

"是……是真的。"李冬低声嗫嚅着说，脸憋成了一个紫茄子。

"那你爸爸年轻得有些过头了吧。"王老师意味深长地说。

王老师在心里等待着李冬主动说出真相，可他就是鱼死嘴不烂，一遍又一遍地重复着他的"低级谎言"。

　　看来李冬要将"瞒天过海"进行到底了，那我也一定要查他个水落石出。王老师火了，便掏出手机，气呼呼地说："真的假不了，假的真不了。现在报出你家的电话号码！我们当面锣对鼓，证实一下你说的话。"

　　李冬顿时鞋里长草，慌了手脚，迫于老师威严的眼神，他挤牙膏一般挤出一串电话号码，便耷拉着脑袋一声不吭地蹲在地上。

　　王老师拨了李冬报的电话号码，就在她要按"OK"键的一瞬间，看着李冬绝望的样子，突然想到：这样做对李冬有什么好处呢？

　　"手机欠费，算了，下次再打吧！"王老师一边说着，一边瞥了李冬一眼，此刻他的额头已经渗出细密的汗珠。

　　再给他一次机会吧！王老师压住心头火气，期待着李冬的自我坦白。

　　下午快上课的时候，王老师正往办公室走，忽然，李冬闪到他身后，把一样东西塞到他手里，说道："老师，给你！"随即像个蚂蚱一样逃进教室了。

　　王老师打开一看，是一张纸条，上面是李冬歪歪扭扭的字迹：

　　"老师，请您原谅我。我没有通知爸爸来开家长会，这个可能您已经看出来了。昨天来的'爸爸'是我花二十元钱在劳务市场上雇来的。我知道这样做是在骗您，但我没有办法，我实在没有办法，我实在害怕被爸爸打。爸爸是个没多少文化的下岗工人，他到处打工养家，他经常说，只要我学习好，有出息，他累死也心甘，但如果我学习不好，丢他的脸，他会把我往死里揍。可我的成绩一直不太好，从一年级开始，老师，不停地找我爸爸'告状'，每次'告状'后，我都会饱尝爸爸一顿'竹笋炒肉'。渐渐地，我学会了说谎。今天，在你面前，我突然觉得说谎比挨打还难受，我决定今后再也不说谎了。我还想求你不要打电话给我爸爸，给我一个改过自新的机会吧。这学期我一定会努力学习的，老师，你救救我吧！"

　　看了纸条，王老师眼睛有些发潮，心里泛起阵阵苦涩：不分青红皂白的"棍棒教育"，催生出来的只会是一个又一个"假爸爸"。想到这里，她拨响了自己的手机……

到了下午放学的时候，王老师找来了李冬，李冬撸起袖子，只见他的胳膊上到处都是一道道的紫印和血痕，他抹着眼泪说："老师，我找一个假爸爸来开家长会，实在是被逼无奈啊。"王老师拭干了他眼角的泪痕，笑呵呵地说："因为昨天你找一个假爸爸来骗老师，所以老师早上也骗了你一回。这样大家就扯平了。其实老师的手机并没有欠费。"李冬破涕为笑："老师，你对我太好了，我一定要为你争口气！"

　　就在这时，王老师的手机响了，王老师接听手机，随即递给李冬说："快接，是你的真爸爸打来的！"李冬吓得一激灵，以为父亲已经知道实情，准备"兴师问罪"。王老师附在他耳边低语："不用怕，有老师在呢。"李冬战战兢兢地接过手机，只听那边传来父亲歉疚的啜泣声："冬儿，爸爸对不起你，王老师打电话讲了你的事情，她夸你是个好学生，潜力很大，只要加把油，一定能成为班上优秀的学生。她还说，打骂孩子解决不了任何问题，只会让孩子自暴自弃，往邪路上跑。我知道你请了一个假爸爸开家长会，这都怪我啊，我这个真爸爸当得实在是太惭愧了……"

　　泪水从李冬的眼眶里一滴一滴地淌出来。泪眼朦胧中，王老师的微笑依然是那样亲切，那样祥和。

两枚西红柿

◇ **胡明宝**

那年夏天，夏老师小菜园里的西红柿粉嘟嘟红艳艳地熟了。对于我们这帮正读初一的小馋鬼来说，简直是莫大的诱惑和喜事。近水楼台先得月，我们这帮馋鬼时不时就能享受一顿夏老师用干净的铝盆装的西红柿。在骄阳似火的天气里，谁不喜欢滋溜滋溜地吃那还挂着亮晶晶小水珠的西红柿呢?！那个夏天，真是充满香味和回味的季节。

可是，一天，因为一支钢笔，我和同桌沈鹏吵了起来，而且越吵越厉害。眼看要相互砸拳头的时候，夏老师走进了教室，她厉声喝住了我们，接着把我们带到了办公室。可是，无论夏老师如何在我俩之间做工作，我和沈鹏就是谁也不服谁，我们都绷着脸，谁也不看谁一眼。面对两个小顽固，夏老师没有横眉怒目，她拉住我和沈鹏的手说："这样吧，这件事谁是谁非你们回去想好了再告诉老师，我们先做个游戏吧。"

夏老师指着办公桌上的快餐杯说："里面有 4 个西红柿，本来是想奖给今天表现最好的同学的，现在……"夏老师说着从抽屉里找出两个小塑料袋，每个塑料袋里分别装了一枚红艳艳的西红柿，又用细丝扎紧了口，递给我和沈鹏说："从现在起你们每人替我保管一枚西红柿，但不能偷吃掉，剩下的这两枚仍放在我这里，也不会动的。"夏老师看我们两个愣头愣脑的样子，笑着说："到时候，你们会明白的。"然后，让我和沈鹏回教室去。

我把西红柿小心翼翼地放进桌洞的一角，怕被别的馋嘴同学发现，还在上面盖了一张白纸。沈鹏这家伙更高明，我偷偷地见他更用心地把西红柿藏进一个杯子里。

三天后，夏老师突然让我和沈鹏带着保存的西红柿去办公室。当我从课桌洞里取西红柿时，心里一紧，西红柿软乎乎的像是烂了，我只好双手小心地捧着袋子里的西红柿。而沈鹏的情况似乎也不比我好，我看见他干脆端了杯子。

夏老师先煞有介事地让我们把西红柿摆在桌上，然后，她又把自己保管的西红柿放在一起，说："现在啊，让我们把自己保管的西红柿吃掉吧！"夏老师率先拿起一枚吃起来，我立刻嗅到了熟透了的西红柿的芳香，不由咽了口唾沫，急忙打开包装袋准备大嚼一番，可是一股扑鼻的异味差点让我晕掉，原来西红柿竟像脓疮一样就差流出脏汁了。我尴尬地发现，沈鹏也对着自己的西红柿捂鼻子。这时，夏老师已美美地吃掉了她保管的两枚西红柿。夏老师笑着说："孩子们，知道我们为什么要做这个游戏吗？其实，人不能把自己封闭起来的，人和人需要交流、沟通和融合，否则，每个人都会郁闷孤独，甚至心灵都要'腐烂'掉。就像你们保管的西红柿一样，以为把自己包裹严密了会更好，其实恰恰相反，它们缺乏的是那些交融的水分、空气和阳光啊……"

原来是这样，我和沈鹏互相看了看对方，是啊，这些天谁心里没有气啊？这些天，我们如果互相沟通互相原谅了，还能受情绪影响听不进课，做不好作业吗？夏老师看见我和沈鹏的手又握在了一起，高兴地说："走，去小菜园！"

为了两个纯洁的灵魂

◇ 乔 伊

38 岁的威廉是俄亥俄州警消局一名经验丰富的消防员。

两年前一个夏日的傍晚，威廉将他的儿子凯文唤到身边，他轻抚儿子的前额，问："凯文，明天是你 8 岁的生日，告诉爸爸你有什么愿望？"

凯文歪着小脑袋思索了片刻说："我想到中心游乐场乘电动飞碟。爸爸，明天你能陪我去吗？"

"嗯，可是爸爸只能下班后再陪你去游乐园。"

两年过去了，威廉始终没能抽出时间来实现儿子的愿望。一天，威廉接到了一份上级下发的休假通知单。他的假期是 3 天。威廉心里很高兴，想着一定要利用这次假期好好地陪陪儿子和妻子。

然而这天中午，正在值班的威廉突然接到妻子打来的电话。电话中，妻子声音颤抖地说："3 个小时前，凯文和同学杰森一起出去玩儿，可是到现在他都没回来"。

"先别急，他们会不会一起去杰森家了？"威廉说。

"没有。杰森的母亲刚刚打来电话询问他们的去向。"妻子焦急地说，"我找遍了整个社区，没有看到他们的影子。"

威廉闻听，心中不禁一沉。凯文从小乖巧听话，他怎么会忘记回家的时间呢？于是，威廉请假回到家，和妻子一起寻找儿子的下落。

就在威廉夫妇失望而归时，一位老人挡住了他们的去路，并告诉他们说，一个多小时前，他曾看见两个男孩儿在社区西面一个远离居民区的人造湖边玩耍。根据老人所描述的男孩儿的体貌和衣着等特征，威廉夫妇认定那就是凯文和杰森。

瞬间，一种不祥的预感猛然袭上威廉的心头，他疯狂地奔向湖边。此时，湖面碧波如镜，仿佛什么事都没有发生过。然而在湖边，威廉发现了一行清晰的划痕，显然是有人滑进湖中时留下的足迹。这行足迹是那么刺眼，更刺痛着威廉的心窝。难道，儿子的生命已被这片静谧的湖水吞没了吗？

他拨通了报警电话。

很快，两名警察和一支水上打捞队来到人造湖上，开始进行湖底打捞。10 分钟，20 分钟，30 分钟过去了……终于，两具连在一起的尸体，随着打捞队员的捞杆浮出了水面，他们正是凯文和杰森。

河岸上，顿时传来两位母亲撕心裂肺的恸哭声。两具尸体被拖上岸后，众人注意到，凯文的左手牢牢地握着杰森的右手。警察费了很大力气，才将两个男孩儿的手分开。从这一细节，警方判定凯文是为了救落水的伙伴，才掉入湖中溺水身亡的。

这件事立时轰动了这座城市，各大传媒争相刊登"10 岁儿童为救伙伴，溺水身亡"的感人事迹。一时间，凯文的名字和"一对牢牢握着的手"成为人们心目中最感人的画面。很多热心人都登门来探望英雄少年的父母，当地政府还特意授予凯文"勇敢少年"的荣誉称号。而此时，最难过的无疑是杰森的父母，他们不仅失去了唯一的儿子，还要承受着对凯文全家的愧疚之情，及世人对他们良心的指责。

尽管，凯文的英雄事迹被炒得沸沸扬扬，但威廉却总是隐隐觉得事情的背后似乎存在着一些不为人知的隐情。

首先，他十分了解自己的儿子。凯文是家里的独生子，从小跟在父母的身后，非常的胆小。其次，他天生怕水，而且不会游泳，甚至从不敢到游泳池戏水。在这样的情况下，他怎么可能下水援救落水的同伴呢？就算当时，他有勇气跳入水中救人，但不会游泳的他，是绝不可能准确地游到同伴的身边，并且握住同伴的手。如此推断，凯文溺水的真相应该是，他和杰森一同失足滑入湖中的，落人湖水的瞬间，凯文因恐惧而紧紧地抓住了杰森的手。

为了证实自己的推断，威廉再次来到湖边，仔细地观察堤岸上的那行划痕，结果，在距滑痕的半米处，他又发现了一道浅浅的滑痕。威廉细致地将这两行足迹进行了对比，最终得出结论，这显然不是同一个人的，因为它们都是左脚滑出的足迹。

威廉立即将事情的真相公之于众，并请求警方重新调查"溺水案"，请求各大媒体向社会声明"英雄少年"是个虚假新闻。

　　威廉的这一做法，引起了很多人的不解和非议，他们向威廉反驳道："即使岸上有两行滑痕，且同是左脚足迹，那又能说明什么呢？凯文发现同伴落水后，便下水救人，这样岸边自然就会留下他的足迹啊！"

　　对此，威廉坚定地说："我对岸边的两行滑痕做了仔细的测量与核对，两行足迹的划痕起末点距离及方向几乎是完全相吻合的。这就说明，两个孩子是同时失足滑入湖中的。"

　　就在这时，警方在重新调查之后，也得出了与威廉相同的结论。随后，威廉通过各大传媒向公众说明了事情的真相，并诚恳地向杰森的父母致歉。

　　渐渐地，人们开始敬重这个伟大的父亲。然而尽管如此，人们还是不明白。作为一个父亲为何非要处心积虑地击碎戴在儿子头上的荣誉光环呢？

　　对此，威廉只是浅笑着回应道："我的初衷就是不让杰森蒙受冤屈，不让凯文良心不安。就让两个'天使'的灵魂，永远保持着纯洁和美丽……"

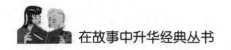

做坏事也留名

◇ 周　蕊

　　洛杉矶似乎是没有冬天的，温暖的气候，让我分外怀念北京冬天刺骨的寒风。我想念有关那座城市的一切一切，甚至包括灰蒙蒙的天空。

　　然而，想念的心情很快就会被忙碌的学习和接踵而来的活动所冲淡。前一阵子，我的房东买到了几张 NBA 球赛票——洛杉矶湖人对快船队。他们很热情地邀请我和他们一起去现场观赛，我不想错过这样不是每个人都能得到的机会，于是欣然答应。关于这两个球队，我只知道湖人队有一个大名鼎鼎的科比。于是我也就理所当然地成了湖人队的支持者。

　　观赛的当天，我们还特意穿了写有"LAKERS（湖人队）"的紫色队服。由于没有多余的停车位，我们不得不把车停到离体育馆很远的地方。体育馆周围熙熙攘攘的人群以及个性张扬的打扮，让人开始觉得兴奋。明亮的灯光覆盖了夜幕的黑。看台上座无虚席，每个人对比赛都充满了期待，置身于其中，情绪很快就能被感染。

　　比赛很精彩，比分波折起伏，首先是快船队领先，后来湖人一度把比分追平甚至超过，但是好景不长，最后湖人队还是输了。赛场上队员的每一个动作都伴随着观众的喝彩以及欢呼。每当镜头转向观众席并且定格在某位观众身上时，他们绝不甘心只是朝镜头招招手，大多数都会好好利用这种机会表现自己，或是旁若无人地跳起舞，或是做出夸张的表情博大家一笑。

　　中场休息的时候，除了拉拉队的表演，还有一位中国姑娘的杂技表演。她所得到的掌声不亚于那些 NBA 球星。表演没有一点失误，近似于完美，她脸上淡淡的微笑似乎融化在了场馆内回荡的中国民乐里。

　　这就是我关于那场 NBA 比赛的全部记忆，难得的经历和难忘的感受。当我们抵达停车场准备离开的时候，发生了一段小插曲。

房东注意到车的左后方被撞了一个不大不小的坑，这辆车平时他们保养得很好，使用时也很注意。这种损坏虽然不影响驾驶，但却让他们特别心疼，连着喊了好几声，"Oh，my god！（哦，天哪！）"在大家抱怨的时候，突然发现车的前窗玻璃上贴了一张便签，上面的内容大概是在为不小心撞到了这辆车而道歉，更重要的是在结尾注明了"肇事者"的电话和姓名，并且表示，会赔偿一切费用。只是这么简单的几句话，让我心头一震。

我们按照纸条上的电话打了过去，对方的态度很诚恳。这份真诚让我们无话可说。

其实他完全可以溜走，既然有时间写纸条，就一定更有时间"逃跑"，没有人会知道这件事，我们也只能自认倒霉。但是，他没有。

那天的比赛让我印象深刻，但是那张小纸条却比一场 NBA 比赛更加令我震撼，因为它关系到一种诚信的态度。承担比逃避简单，因为无愧于心。而生活给予我的，不仅仅是经历，还有更多贴近内心的扶持力量。

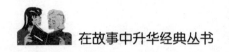

有裂缝的小罐

◇ 孟凡华

去年，我担任了四年级一个班的班主任。经过几天的观察，一个男生引起了我的注意。他叫陈光，整天一个人坐在那里少言寡语，闷闷不乐，脸上没有一丝笑容，总喜欢独来独往。特别引人注意的是，他的上嘴唇少了一块。他是个身体有残疾的学生。直觉告诉我，陈光的心里一定有一片阴影，有一个心结。于是我主动接近他，尽可能找时间跟他聊天、谈心，然而收效却甚微。后来我才知道，周围人的讥笑和异样的目光使他产生了深深地自卑感。

班会课上，我想帮他驱散心头自卑的阴影。一段简短的开场白之后，我向全班同学讲了这样一个寓言故事：一个印度人住在山坡上，一年四季用两个罐挑水。其中有一个买来时就有一条裂缝，而另一个完好无损。用完好的水罐总能把水从小溪边满满地运回家，而用那个破损的水罐走到家里时，水就只剩下半罐了。因此，那个可怜的有裂缝的水罐，因为自己天生的裂缝而感到十分惭愧。主人就对它说："不要难过，难道你没有注意到，在我回家的路旁开满了美丽的鲜花，而这些花只长在你这一边，并没有长在另一个水罐那边？那是因为我早已知道你有裂缝，我是在利用你的裂缝，在你这边撒下了花种。每天我们从小溪边回来的时候，在你这边撒的水就浇灌了花苗。这山上的小路很多，却不见有第二条小路像我们这条小路这样，有一边是开满了鲜花的，不是吗？"我又接着说："在生活中，缺憾和残缺有时是难免的，有时候不美的东西也能'化腐朽为神奇'。这正如一个人的外貌一样，常言道：'人不可貌相，海水不可斗量。'一个人的成功与失败不取决于外貌，关键要看他自己是否肯努力和奋斗。古代的司马迁、当代的张海迪、美国的海伦·凯勒用自己的亲身经历告诉我们，身残志不残。"

　　课后，我又多次找陈光谈心，并送给他一本《海伦·凯勒传》，鼓励他振作起来，忘掉过去，自强不息。从此以后，陈光变得爱笑了，他重新融入到了集体大家庭里了。由于他少说话多干事，深得同学们的信任，被同学们推选为班级卫生委员。

　　陈光这事让我感慨万千：作为一名教师，理解学生、尊重学生，不能因为美丑、贫富、成绩好坏而打折扣。尊重学生是教师的天职，它是教师职业道德的灵魂。

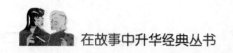
我的开学第一课

◇ 杨小梅

2010 年 8 月 5 日清晨，或许是因为期待新的开始，我 5：25 就走出了家门，来不及洗漱，更来不及妆扮，迫不及待地想去看看我深爱的"家"——巴蜀校园。

巴蜀的景

校园宁静而清新，偶尔传来几声稀疏而清脆的声音。天还没有亮，微风习习，黑暗中透出新芽破土前的欣喜和力量，天空明亮的半月高挂，时而被乌云遮盖，月隐月明在天边火红朝霞的映衬下呈现出一番迷人的景象。校园里红色醒目的条幅像一面面旗帜，庄严而灵动。还是那些教学楼，还是那些树，还是那条小道，那些文化墙……但，真的更好看。是眼在变？心在变？还是心和眼在变？都是吧！一步一个景，多么享受！

巴蜀的人

那一墙壁的巴蜀笑脸：感激迎宾厅外，那一墙壁耀眼的巴蜀老师们的照片，觉得既熟悉又遥远。各有各的笑容，各有各的风采，喜欢游戏的我，竟想到了评评最佳笑容奖。一张，一张，又一张……都很好，我发现了，她职位高，然而头像只占了不到 1/2，侧面，清爽的脸，温文尔雅，8 颗牙齿的笑容……我还发现，好多老师都有两张照片：李永强老师、汪小红老师、刘莹老师……羡慕他们！

巴蜀的精神

那些红色的条幅是多么地吸引眼球，振奋人心！一幅，一幅，又一幅……我数着，读着，记着，悟着……每一句都是真理，每一句又都那么实在，每一句都可以在每一天中去行动，每一句都飘扬在巴蜀的天空，浸润着巴蜀的泥土，弥漫在巴蜀的空气中"让关爱照进每个学生的心灵"；"用教育智慧培养学生的才情和灵性"；"家校同心同德形成教育最大合力，师生互敬互爱描绘校园最美风景"；"新学期新起点新风貌新气象"；"爱心和责任是师德的灵魂"；"家长和学生的信任是教育发展的保障"；"养成好习惯"；"弘扬巴蜀人优良传统，塑造新时代学生优良品格"……

巴蜀的我

出门时，我习惯性地带了一个笔记本。这个笔记本有点特殊，我在不断地领悟中发现了它的特殊性：

第一页：2007年7月27日，原来，这里记录着我当年刚进巴蜀时去原单位办理辞职的相关内容；第二页，摘抄着《感恩的心》的歌词；第三页《心态——成功的基石》的读书笔记……2008年5月16日，重庆市中小学科技教育师资培训会记录，主讲：山东大学王思悦教授。"纸上得来终觉浅，心中悟出始如深。"一个大大的"悟"字结束……2010年8月29日，当天要做的事情记录……这是一个很久以前没舍得丢弃的薄薄的笔记本。扉页上写着一个大大的手写"奖"字，封面印着一个阳光女孩和"smile girl"的字样……喜欢遐想的我总是会找借口开心——会不会这就是当年没发完的，奖给学生的笔记本，今天，天意要奖给我这个臭美的人呢？嘿嘿！舒展手臂，深呼吸，踏着有节奏的步伐开心地回家了。

一个爱巴蜀的人，学着巴蜀的精神去欣赏巴蜀的美景，讲着巴蜀的故事……

有好多好多巴蜀故事在脑海里再现……

有心，处处是故事；无心，眼里没有故事，也就真没有故事了。

新学期开始了，祝愿巴蜀的师生们，眼里有故事，心里有故事，在教育故事中愉快地生活，成长！

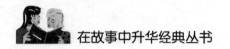

真想不上这大学了

◇ 意 林

爸爸：

这两天您要给我打电话了吧？您会给我寄多少钱呢，是 240，还是 260 呢？上次我对您说让您不要再寄 300 元钱了，真的，240 加上每个月发的 30 元的补助共 270 元已够用了。可是您却不同意，说要寄也得寄 260 元。我说爸，不知道您同意不，就是每个月用 20 元钱（或者少点也可以）给我打电话。说到联系，因为您在外，一没有手机，二没电话，所以我只能是每个月等到你汇了钱来打电话告诉我的时候，我才能听到您的声音。可是每次通话还没有说上几句话您就总是说今天到这里，差不多 6 分钟了。爸爸，6 分钟，连问几声好的时间都不够，但是每次您都不等我问您的生活您便"决绝"般地挂断了电话，留下我只能独自拿着话筒发呆。爸爸，不知道您晓不晓得，6 分钟是您去昆山打工后与我所通话的最长时间。

爸爸，其实我知道您不是不想与我多说两句，而是您有说不出来的苦衷。因为 6 分钟，一块八——这个上一小时网都不够的数目，您只能说今天就到这里，只能走向去上班的路上。爸爸，我好几次都想问您，您一餐到底吃多少钱？可是我没问，一直放在喉咙里没说。我震惊于听到您说要一块八时的声调和口气。到现在实在是忍不住了，就算了这笔账：您每个月拿 500 元左右的工资，其中的 300 元钱汇给我，110 元用来交房租，剩下的——只有 100 元不到竟是您每个月的生活费！我没有忘记您在有一次的电话里抱怨说昆山的东西贵。现在我想问您，在昆山，100 元钱能干些什么?! 爸，您是不是也好久没抽烟了？当我让您少给寄几十元钱的时候，您不理会我，说我在外面读书不容易，所以依然如故地每个月按时汇来 300 元钱，那 300 元钱，它是

您全部工资的五分之三啊！是您生活费的三倍啊！！

有时候，我很想退学不读了，想离开这花费巨大的生活，去赚钱养活您和我自己。甚至好几次都下定决心说一定要对您说出我的想法，但每次您打来电话时我都没有说，没敢说。我怕我说了之后会听到电话那边话筒掉在地上的"砰砰"声。我知道您一个人在那么大的年纪时还"背井离乡"，辛苦打工是为了什么。我当然知道，爸爸，从五年前妈妈负心地抛弃了我们，我就一直看着您日渐衰老：白色一天天在您头上增多，而黑色却一天天少去。还有您额上的皱纹，像犁过后的田地，越来越深……我知道您深爱着的人这样的行为对您是一个多么大的伤害，就好像我曾一次又一次让您伤心时，让您一根接一根地抽烟后落得满地的烟蒂一样。但是您为了我，为了我的未完成的学业，振作了起来，到处托亲朋好友帮您寻事做。

爸爸，您现在在外面，一个人，这么大的年纪。您是知道的，我曾在外面呆过一段时间，所以您也不用对我隐瞒什么了，我当然知道一个人离家在外的诸多困难与不易，何况是您这么大年纪的人，怎么能跟那些年轻力壮的小伙子比呢？我知道如果不是因为我，不是为了我未完成的学业，您又怎用得着去吃那么多的苦受那么大的累呢？我也知道，母亲和妹妹离开后，我便成了您希望的全部，成了您生命的全部。甚至于，我成了您生活的唯一动力。既然这样，我又怎能将我自私的想法对您说呢？假如您听到了，您会是怎样的一种失望啊！但是，让我矛盾的是，我真不忍心看您这么大年纪了还为我吃苦。

爸爸，我们不久前刚军训完。原本打算一放假就出去找事做，但最后没去。因为军训了一个月，所以暑假只剩下不到一个月的时间。前不久姑姑们打来电话，二姑想让我回去，小姑让我有空儿到她那儿走走。她们还问了我您在外面好不好，说奶奶让您多同家里联系，好不让家里人担心。

爸爸，不知道昆山现在还是不是好热，或者更热了？兰州这两天天气很好，不热，甚至还下了一两场雨。真希望您那边这时节也时常阴阴天、下下雨，这样您晚上睡觉也会踏实许多。说到热天，我倒是想起了从前，我上小学那会儿的每个夏天。一到那个时候，您的背上就会生一些"红点点"，它们总是难缠，让您痒得挠又挠不着。这时，您总会叫我们帮您挠，说抓100下两毛钱。因为这样，我和妹妹每天都至少能拿到一块钱。我记得那时候那种好吃的奶油味的"黑猫警长"才五毛钱一支。尽管我们能每天吃到两支好吃的"黑猫警长"类的雪糕，但孩子的嘴在父母的"关照"下，是永远不易满足的。我总是想，如果每天能有"健力宝"或者其他橙汁类的饮料喝，那真是会让其他小孩子羡慕死。可是那些饮料之所以能轻易让孩子们流口水，就是因为每瓶要两块五。于是，为了能喝到美味的饮料，我只能寄希望于天气，祈求它更热些，这样，爸爸背上的"红点点"也就会更多……呵呵，爸，孩子总是这样，为了一瓶饮料会"六亲不认"，会狠下心来诅咒自己亲爱的父亲。

现在，我再也不是那个让一支雪糕一瓶饮料就能收买的孩子了，也不再会为了得到它们或其他东西，为了满足自己的欲望而诅咒自己的父亲了。相反，我倒是真心希望，昆山的夏天能凉凉爽爽的，让您不感觉到热，不会汗流夹背，不会生那么多的"红点点"，也不会被各种各样的蚊虫叮咬……

爸爸，除了好好学习，我现在所能为您做的只有这些祈祷了。我也只想让您知道我是想您是爱您的，让您知道在您把我当成您生命的全部的时候，我也同样把您当成是我生命的全部。

祝您健康如意。

一个考入哈佛的重庆男孩

◇ 万　勇

　　2004 年 10 月，重庆男孩艾宁在香港参加了第一次高考——美国高中毕业生的升学考试（SAT）。2005 年 2 月，艾宁同时被香港大学、美国弗吉尼亚大学录取，最后，他选择了在美国读本科。但是，2005 年的夏天，艾宁仍然坚持参加了中国高考，他想知道自己究竟有多大的潜能。

　　成绩很快出来了，643 分（文科）——以两分之差与北大无缘。但是很快，他收到了一份意外的惊喜——四川大学录取通知书。当然，中国高考结束后，艾宁仍然如期赴美，开始了他的美国大学生活。

　　不过，我记得 2005 年夏天的《重庆时报》曾经报道说，艾宁赴美之前，已经定下一个目标：要用一年的时间，使自己的成绩进入美国弗吉尼亚大学一年级学生的前 10%，并准备在大二之前，转入更加优秀的美国私立大学。

　　说到做到，2006 年 1 月 28 日，艾宁申请转入哈佛大学。在全球 1 000 多名同时申请转学的考生中，他是唯一的中国学生。结果，重庆男孩艾宁一鸣惊人，考出了数学成绩全美第一和英语成绩全美前 5% 的好成绩。

　　今年 5 月 23 日，艾宁接到美国哈佛大学的入学通知书，并获得哈佛每年 4．8 万美元的最高全额奖学金。

　　艾宁介绍说："美国的考生很幸福，一般而言，美国高考（SAT）每年进行 6 次，对考生而言，考试时间可以由自己灵活掌握。考试完毕，如果你觉得这一次成绩不理想，那么你可以选择在几个月后再考一次。然后可以把本年度你做满意的成绩单，寄给你要申请的大学。可以只寄一所大学，也可以同时寄给几所大学。"

　　美国的高考没有警戒线、没有众多监考老师、没有对号入座、没有摄像监控、也没有警车开道、更没有考场外焦急等待的家长———一句话，我觉得美国的高考完全没有草木皆兵的紧张氛围，因为美国高校录取毕业生时，并不完全看你的考试成绩，他们还要看你在整个高中的表现、看教授的推荐信、看你自己撰写的申请入学报告，这才是考察重点。

拿到中国的高考英语试题，连美国教授都大喊"太难"！我在弗吉尼亚大学读一年级时，通过网络下载了一份中国高考模拟英语题，我是做着玩的，5道选择题，我做错了1道。我请美国的一位教授也来做，结果他错了4题。这位教授还兼任微软集团总裁比尔·盖茨的法律顾问！

对于自己儿子的成长经历，艾宁的父亲用了两个字做概括——"坎坷！"我们艾宁是怀着"雪耻"的心情来重庆外语学校读书。

原来，当年艾宁小学升初中，考试发挥失常，以几分之差与重庆外语学校擦肩而过，不得不选择差一个档次的外语学校——"二外"，为了报仇雪恨，我们发誓要卷土重来，以绝对优势考进"一外"。2002年初中升高中，我们家艾宁终于如愿以偿。

对于儿子的学习经验，艾宁的父亲回忆说，"我们这娃也肯问，高中三年，他把他们年级的老师问了个遍。只要有疑问，只要有不懂的，他就问——不分时间、不分地点。"

作为中国工薪家庭，要供孩子出国留学，其困难是可想而知的。

艾宁的父亲介绍说，仅去年到今年，就为艾宁花掉了三四十万，原本预计，如果一直在美国弗吉尼亚大学，四年就要100多万人民币。为了供孩子到美国念书，艾宁爷爷的住房和父母的房子都卖了。不过，好在艾宁争气，"为我们省下了那么一大笔钱！"

艾宁的母亲告诉我，"我们艾宁说他很喜欢在美国的感觉"，而且，他对自己的要求近乎苛刻。在弗吉尼亚大学的这一年，他选修了五门专业课，为了门门拿A，他每天只睡5小时。在弗吉尼亚大学的一年级新生里，艾宁是最耀眼的中国明星。

面对艾宁的成功，我想说：孩子们，走出去吧，大胆地走出去，更加美好的未来就在你们的面前！经历了近代一百多年的风雨坎坷和落后挨打之后，走向富强的中国人最缺的不是钱而是心态——大国和强国的心态。这心态就是欠收并蓄、海纳百川，大踏步地融入这世界！

大　哥

◇ 张楼军

一

黄涛，一个毫不起眼的高个子男孩。上周四，我在他们班进行数学测试。收试卷的时候，我发现整整两节课的时间，黄涛的试卷居然还有大面积的空白。当时，我并没有理会他。回到办公室，刚坐下，就有学生来报告说黄涛作弊了，还拿出了证据———一张满是答案的小纸片。我把小纸片随手扔在了桌上，决定先找一找黄涛，了解一下具体的情况。

下午操时间，我来到黄涛身边，问他是否抄了别人的答案。他一扬脖子，说："没有，是那个同学诬陷我的。"声音高过了广播里的音乐。我一愣，随即追问道："真的没有？""没有就是没有，有本事你拿出证据！"我被问得哑口无言，心想："等做完了操再拿那张纸条跟你当面对质，看你还敢抵赖不成？"谁知回到办公室后，翻遍了办公桌，我也没找到那张纸条。没了纸条，便没了证据，但我又于心不甘：不能让他作了弊（实际上，他是作了弊，这是后话），还这么猖狂。我应该好好教育他一番。

周五试卷改出来了，黄涛只得了 61 分。这个分数是非常低的。我想找黄涛好好聊聊。可他要么远远地躲着我，要么充满敌意地怒视着我，让我无法接近他。

星期二中午，我就餐后，信步来到了黄涛所在的宿舍。他正蹲在地上跟其他同学打乒乓球。他的球艺很好，别人都打不过他。其他同学见我来了，都嚷着让我和他对一局。我也没推辞，抄球拍便上。第一回合，便给了他一个下马威，但第二局，我输了，他得意极了。

163

当我跟他们一起疯的时候，生活老师来到了我身边，向我介绍起孩子们的一些情况。当他介绍到黄涛时，我愣了。

她说，黄涛是她一直带着的。他是这一帮孩子中经历最多的一个，也是最懂事的一个。两年前黄涛有一个非常幸福的家庭。爸爸英俊潇洒，还开了一个很大的工厂，挺赚钱的。妈妈帮着爸爸打下手，是厂里的会计。三年级的时候，总是一家人送黄涛来上学，爸爸妈妈很疼爱他。黄涛的学习也很好，每次都是优秀。可是四年级的时候，有一次他过生日，黄涛和他爸爸，还有爸爸的朋友们一起到大海边庆祝。在海里游泳的时候，善游的爸爸发生了意外，抬上来的时候，已经永远地睡着了。但这孩子挺坚强，开学后，没跟任何人提一个字，但却整夜整夜地睡不着觉，躲在被子里哽咽。从此，他变得沉默寡言，学习成绩也一落千丈。

我静静地听着，无语。我决定帮帮这孩子！

二

周三晚自习，我找到了黄涛，绝口不提上次的作弊事件，不提他的家庭情况，只和他聊了聊乒乓球的事。

教室里安安静静，窗外的月光柔柔的，我和他靠在栏杆上，距离很近。或许是乒乓球开启了他的话头，他向我慢慢地敞开了心扉。

他说，宿舍里的许多同学都和他合不来。他只和班上一个叫夏的同学玩，因为夏非常讲义气，每次有好东西吃时，总忘不了他，而且总是帮他做事情。当然，他也为朋友做了很多事。他说，四年级的时候，他的语文和数学还可以，语文考了九十多分，数学也有八十多分，就是英语太差了。不过现在数学落了下来，他也不知道为什么。

"只要你在上课时认真听讲，下课按时完成作业，我相信你的数学慢慢会好起来的。"我鼓励他。

他说："真的吗？那我还可以考八十多分，九十多分？"

我说："只要你努力，你就行。我相信你。等你有了很大进步时，我请你去吃肯德基。"

他有点不大相信，于是连问了我两次："这是真的吗？"我说"当然是真的！""你真好，就像我以前的大哥，他和你长得差不多，而且对我也很好。"

"那我能成为你的大哥？你愿意成为我的小弟吗？"

他愣愣地看着我，迟疑地说了声，"可以吗？""当然可以，从今往后，我就是你大哥！"我说。

他却沉默了。很久，很久，他说到了那次考试的事情。

他说，那次他的确作弊了。那张纸条被送到办公室后，他便在办公室旁边耗了很长时间，终于被他逮到了一个机会——办公室里没人，他便钻了进去，拿出了那张纸片，撕碎了，扔到了下水道里。

在他解释作弊事件时，眼睛一直看着我。他说完后，没有再开口，只是低下头，慢慢往后挪了半步，把身体靠在了墙上。

听完他的解释，我深深被他的坦率所感动，并暗暗下决心，一定要做好这个大哥！

我说："你很诚实。我希望下次你千万不能再这样。因为这太不应该了，而且一旦养成了这样的习惯是非常可怕的。"

他点了点头，轻轻舒了口气。

三

作弊事件之后，我认下了这个小弟弟。在学校里，我不时给他鼓励，或者向他提提意见。他似乎也认了我这个大哥，周末一回家，就用他的小灵通给我发来短信，聊一聊学校里的事，聊一聊他的一些想法。一来二往，我们这对"特殊"的兄弟感情逐步升温。

一天，当我把我和他的故事讲给女朋友听时，女朋友狐疑地看着我——她不相信黄涛能主动承认"偷"证据的事。女朋友的疑惑也引起了我的猜疑。

那天，他让我帮他买支冰糖葫芦，我答应在下午的时候买给他。但是由于学校开了很长时间的会，等到快上晚自习的时候，我才从校外急匆匆地买回了冰糖葫芦。当我拿着冰糖葫芦上楼的时候，他突然从黑暗处冲了出来，把我吓了一跳。他放肆地笑了，喜滋滋地接过了冰糖葫芦。在他吃冰糖葫芦时，我把我的疑惑说给他听了。

他告诉我，当时，他觉得我太好了，居然答应请他吃肯德基，居然还要做他大哥。他说，他从没有遇到过这么好的老师，于是觉得有必要把他的一些秘密告诉我。但是，他又不能确定我是否真的有这样好，所以就把"偷"

证据的事情告诉我，看我如何反应。要是我听后，漠不关心或暴跳如雷，那么说明我是虚伪的，不过是为了套他的话罢了，他也就不再理我了。

今天，他实际上也"监视"了我很长时间，看我答应给他买冰糖葫芦是否真做到了。所以，上晚自习前他一直在黑暗的厕所中蹲着，大概蹲了1个多小时，看我真买来了，才跳出来。

听了他的话，我沉默了，后脊冰凉。尔后释然。

人人都可以上清华

◇　洪　　峰

永远不要说你已经尽力了

我在高中时体育特别差，跑1 000米都很要命，从来都是不及格。到了清华之后，第一节体育课，老师告诉我们每年要测3 000米长跑的时间，跑不过不许毕业，取消推研资格。怎么办？于是每天晚上10：30，我们的自习教室关门，操场上的人就多起来了。跑半个小时再回寝室继续学习，练了一个学期，我瘦了40斤，最后考试的时候我仅用了12分56秒就跑下了3 000米，我们班最胖的人也在15分钟以内跑完了。清华校训"自强不息"给我的影响非常大，所以永远不要说自己已经尽力了。什么叫成功？人们死活不相信你能做到的事情，你做到了，这就叫成功。

怎样挤时间

大家如果到了清华可以看到，所有的学生骑车都是飞车，走路几乎都是小跑。你很快从校门走进教室就可以比别人多看一会书，多做一道题。时间久了，日积月累，你就会在时间上占有绝对的优势。充分利用课间10分钟，我们一天可以挤出将近两个小时，可以比别人多做一套题。所有人脑子里想的都是利用别人休息的时间来充实自己，使自己在今后的竞争中占据优势地位。同学们不要把清华的学生想得太牛了，清华学生中智商超群的人至多占学生总数的1/4。他们比你们多的东西只是对待自己未来的态度。清华学生身上有一种非常令人敬畏的精神力量。他们可以为了自己的目标放弃任何诱惑。就算在大年三十，清华的自习教室也会人满为患。用一位美国教授的话说：

167

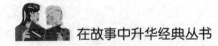

"Students of Tsinghua no Saturday, no Sunday, no holiday!" 就是这种精神铸造了清华的神话。不这样就很难考上清华。

给自己找压力

巨大的压力才会有巨大的动力。清华的学生有的也不是那么喜欢学习的，但是清华的要求极为严格，四年之间只要一科不及格就取消推研资格，三科不及格就退学了，所以我们都要疯狂地学习。大二的时候，我们有一个夏季小学期共两周。第一周周一上午，我们在一间教室上了两个小时课，学了计算机的 VHDL 语言。下课老师要求我们在周五之前编出一个主频 30M 的 CPU 来。所有的人都疯了，因为上午根本就不知道他在说什么。后来我们知道，在其他大学的电子系这门课要学一个学期的。但是老师说得很清楚了，做不出来就不及格。于是大家就疯狂地跑到图书馆借书，回去废寝忘食地看，第一天看不懂，第二天稍有点明白，第三天白天编了几个简单的程序，晚上开始正式编程，编到凌晨 3 点，周四编了一天加一个通宵，周五早上 8 点通过了验收。在此之前，我们没有想到我们还可以在这么短的时间里做这么多事，但是在巨大的压力之下我们完成了。

情感问题

高中阶段的感情是非常美好的，那种感觉很甜蜜。但我觉得高中时候谈恋爱太麻烦了——你得偷偷摸摸的，不能被老师和家长知道，但是又一定会被发现，然后一次又一次地被找去谈话，最后只顾着烦了，什么甜蜜的感觉都没有了。就算是上了大学，清华的情侣们到了大四也是基本都分手了，所以我们好多大学的同学觉得与其费心劳神地找个女朋友还不如安心学习，于是清华就有了"本科僧""研究僧"的说法。正是这些过着苦行僧生活的学生使得清华的学风在世界上都有口皆碑。我们这个年龄多学一点安身立命的本事比寻求那些短暂的甜蜜要有意义得多。我给大家的建议是，我们不妨做四年"本科僧"，千万不要到了最后发现自己浪费了太多的时间和精力而自责和苦恼。

不要抱怨老师不好

清华的老师做研究都是大牛，但是几乎没有老师好好给本科生上课。没有人教你怎么办，你不会倒是不正常的了。有一次上微机原理课，老师说："今天回去用 Protel 把课上的电路模拟一下。"同学们都说："我们是这辈子第一次听说这个软件。"老师说："这是电子工程人员必备的软件。"转身就走了。没办法，我们回去在图书馆熬了 3 天终于把这个软件学会了。一次数学课，老师让我们回去用 MATLAB 画一个三维的图形。同学们都说没学过——这好像是数学系的一门必修课，老师只说了一句："没学过？回去学呀！"我们又是在图书馆耗了好几天，基本弄明白了。所以，当你觉得有哪一科学得不太好的，一定不要埋怨客观条件，自己的努力才是成功的基石。

好的身体是一切的本钱

同学们如果真的要为自己的理想拼命的话，必须好好锻炼身体。清华的口号是"为祖国健康工作 50 年"。所以清华的体育课之所以要求那么高、那么严格，就是逼着大家好好锻炼身体。现在，我们班今年有 20 个人报名参加北京国际马拉松（全国报名的大学生只有 5000 人，清华就有 3 000 人）——一是为了体验一下，二是对自己的耐力很有信心。推荐大家多练习长跑，最好每天跑个 1 000 米。相信吧，等你们到了一流研究所需要熬夜做研究的时候，你们将会发现自己大学打下的身体健康根基是多么重要。

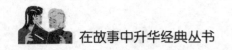

我没有捷径

◇ 阿　土

　　那年暑假，在几个朋友的撺掇下开了个作文培训班。也许是我曾在报社开过专栏的缘故，给孩子报名的家长挺多。记得最清楚的是一个男孩的母亲，她牵着儿子的手一直站在后面，看得出她很想和我说点什么。在回答了一些家长提出的问题之后，我走向她，问她有什么事吗？

　　见我问她，她的脸就红了："听说你们作家都有些写作的捷径！"她嗫嚅着说："我儿子的作文功底太差，到现在连一个完整的句子都写不好。"

　　她的话一下子吸引了所有的人，大家一起把目光投向我，等待着我的回答。

　　可怜天下父母心。望着那一双双充满期待的目光，我坚定地说道："是的，你们尽可放心，我会把所有的捷径都教给你们的孩子。"听着我肯定的回答，所有的父母都长长地松了一口气。

　　授课第一天，我端了一盆花，让所有的孩子都按要求的字数进行描写。很快，孩子们就把那句话描写完了，而且全部通过了我的检查，孩子们都很高兴，觉得很好玩。第二天，我仍然端着那盆花让孩子们描写，只是把字数增加了一倍。时间慢了一点，但孩子们依旧很快完成了作业，只有几个孩子在我提醒后完成，其中就有那个功底很差的男孩。孩子们依然很快乐，觉得并不困难。第三天、第四天，依旧是那盆花，字数却不停地增加，孩子们完成作业的速度明显慢了下来，通过也越来越难。于是，有孩子就提出让我教他们写作的捷径，我告诉他们，等他们不用再描写这盆花的时候，就开始教。孩子听了都很高兴，开始期待不再描写那盆花。就这样，时间慢慢地过去了。

　　第三周的时候，不知道是家长们商量好了，还是不谋而合，所有的家长全都到齐了。那个男孩的母亲第一个向我发问，她说："你曾答应我们，要把写作的捷径教给孩子，可现在都过去两个星期了，孩子只告诉我，他每天都在描写一盆花，并没有学到什么捷径。""是啊！是啊！"伴着她的责问，一些家长应和着。我没有接过她的话，只是把每个孩子从第一堂课写的句子到最后一堂课所写的文章，一一分发给他们。然后说："我没有捷径教给他们，写作本身并没有捷径，它是一项长期的工程，需要时间和实践的磨砺，需要良好的习惯和强烈的兴趣。"我看到有几个家长开始露出鄙夷的目光，"我所有的只是启发，只有培养了孩子求知的欲望，让他们慢慢积累知识，优美的文采和丰富的内涵，就会慢慢地从他们的文章里体现出来。"我平静地说着。

几个面露鄙夷的家长开始指责我，说我当初不该向他们撒谎，既然没有捷径，为什么还说要把捷径教给孩子，这是在误人子弟。还有几个家长，则要我把这两个星期的学费退给她们。就在这时，最先向我发难的男孩母亲，却十分激动喊起来，"我的儿子进步了，我的儿子进步了……"她边说边把手中的文字递给身边的家长，"你们看，你们看，他原来连几十个字的一句话都不能写完整，可是现在他已经能写出一百多字的作文了。"其余的家长听她这么喊着，也开始专注地读起我发给他们的孩子的作业……

一个月后，一个孩子的习作在我的推荐下，发表在一份全国发行的报纸上。

报纸拿到手的第二天，孩子的父母就来了，还买了一大包的糖果，一进门就十分激动地把糖果分发给孩子。看着他们高兴的样子，忍不住笑着说，你们还要捷径吗！

听了我的话，他们俩互望了一眼，笑着的脸上露出了愧色……

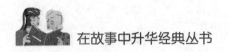
我只浇了一滴水

◇ 潘国本

92届学生聚会，邀我参加。会场安排在县中礼堂，长桌，师生随便坐。我刚落座，就有一双手伸了过来——调皮鬼陈大顺。

当年他上课，有种故意问和随意答的习惯，想不让他举手都不可能，再沉闷的课堂他都有办法把它搞颠，曾让我大皱眉头。那时，方圆一二十里的孩子都来我们这里上高中。农家孩子90%有匡衡、车胤那种读书劲头，路灯下背英语单词。大顺不吃那苦，结果两次被拒大学门外。

我问："现在在哪里？"他答："南京脑科医院。""忙不忙？""忙，我这人随便，什么人都来找我，特别是家乡人，什么病都来，村上人病不重到那份儿上不来南京，来了又总想找位专家看看。我不是全能，还得去帮忙找其他医生，就难闲了。有时我夜班早晨回家，门前就坐着人等了。怎么办？接着再上班外班。"

听人说，他又不怕烦，也不肯收礼。这样，邻里带村里，本村又带外村，每年都要接待一二百号父老乡亲。

"嘿，以前我不是好学生，给老师添麻烦了。"

"添啥麻烦？不过，早些懂事，早一二年进大学那倒是真的。"

他有些不自在，改口说："我真感激老师，还有师母。"我说："你给一方乡亲除了那么些病痛、灾难，那才值得感谢呢。"

"我永远不会忘记那个下雪天，你说的那番话。"

我记起来了，那是他父亲送咸菜来，一跌一滑的，喘着粗气。我看了边上的大顺不自禁地说了，"看看你老父亲，60多岁了，冰天雪地走40多里，就赶来送这罐咸菜！"也许这话正好点上他的穴位。那一年，他考上了南京医学院。

但是，就这个也感激？至于师母，她最多也只是呼呼他的小名，叫他有什么不方便只管到我家来，也感谢？

三梅也来参加聚会了。她做学生时，跟老师讲话眼睛只看地上，是个未讲话先脸红的腼腆女孩。现在在一家外资企业供职，夫优子秀，事业有成。有人告诉我她主持企业新闻发布会如烹小鲜。她趋近我时，发现真变化大了，大学给了她文化，城市给了她风度，她已是标准的白领女性。我想听听她的成功经历，她不谈这些，只问我身体怎样，老毛病还犯吗，且又说起我与她父亲的那次交谈，她说那一天老父亲一夜没睡，就是那一夜，改变了她的命运。

有这么大的威力吗？我疑惑。那时候的中小学一共只读9年，她家弟妹多，负担重，有小工做就不来上课；能捞上卖一角钱一斤的鸡头菜（一种水生植物），也不来上课，说9年其实真正到校恐怕不足7年。临毕业那年，她未能编上重点班，但期中考试中却得到了年级第8名。那总分全赖于偏重记忆的语、政、外，需要整体知识的数、理、化就难说了，碰上知识窟窿，一刀死。那年高考她未能跨过这样的窟窿，落了榜。农村女孩能读上高中就很幸运了，还谈复读补习？父亲给她找了一份小工。我觉得她很有潜力，不再考一次很可惜，几次寄信带话，均无音讯。新学期开学了，一个偶然机会，我在供销社大院的角落发现了提灰桶（装砌砖用的泥浆）的三梅，她显然也发现了我，低了头身子扭向一边。边上搬砖的半老头子是她父亲，我走过去告诉他说，孩子很聪明，也很要好。老人嘴唇颤抖，没说话。不补习就埋没了，像她，学费还可以适当减免。老人又张了一下嘴，还是没说出什么。显然他有难处。就是那第二天，三梅躲躲闪闪地来了。我在校园里找来了一张沾着泥通了洞的桌子，让她重新坐进了教室。就是那张通洞沾泥的桌子，让一个农村女孩最后跨进了大学门槛。

我做了什么？我只是告诉三梅的父亲，她不是泥巴，她有光泽，在千千万万被湮没的农家孩子中偶然地避免了一次不幸。

我浇了一滴水，谁知却涌出了一口泉。

我一直认为学生对我亲切是得益于我教书的出色，其实不，他们真正铭记在心的，还是我对他们的一星半点搀扶。

　　每个学生都有一颗水晶心，对他们怎么好，都不过分。愧疚的是我做得太少太少。

一张价值 150 架飞机的照片

◇ 陈光岳

一张发黄的照片，做成一单 150 架飞机的生意，听来像是天方夜谭，然而，在这个世界上确有这样的事实。将这看似不可能的事，变成了现实的人，就是"空中客车"飞机制造公司的推销奇才贝尔那·拉弟埃。

印度航空市场是一个刚开发不久、具有广阔潜力的市场。一次，印度向海外飞机制造商抛出订购 150 架客机的招标合同。这笔生意，对谁来说都是有诱惑力的，而对新生的"空中客车"公司至关重要。

正在这关键时刻，贝尔那·拉弟埃受聘到了"空中客车"公司。他走马上任就出使印度。

拉弟埃接受任务后，仔细地研究了各方的竞争态势。他分析后认为，再降价同波音公司竞争，没有任何意义，只会导致两败俱伤，而且还不一定能赢得合同，拉弟埃决定避开价格厮杀，另图良策。

拉弟埃深知肩上的担子的重量，他做了精心策划。经过周密布署，胸有成竹地飞赴新德里。

到印度，接待他的是印航主席拉尔少将。

"正因为你，使我有机会在我生日这一天又回到了我的出生地。"一下飞机，拉弟埃紧握谈判对手的手，非常感激地说。这句简单的开场白令将军心头一震。

拉弟埃这句话，看似简单，其实内涵极为丰富。拉弟埃说出了两层意思：一是感谢主人慷慨赐予的机会，让他在自己生日这个值得纪念的日子来到贵国；二是印度是他的出生地。而后者更有意义，共同的故乡，拉近了拉弟埃与拉尔少将的距离。接着，拉弟埃进一步介绍说，自己出生时，父亲作为法

175

国企业要人正派驻印度。这些介绍，解开了拉弟埃少将心中的疑惑。确信拉弟埃同印度的"世交"关系并非牵强附会，从而，进一步拉近双方的距离。

有了共同语言，拉弟埃与拉尔少将越谈越近，后来，拉尔少将决定设午宴招待拉弟埃。旗开得胜，更增添了拉弟埃必胜的信心。在接下来的谈判中，拉弟埃掏出一张珍贵的照片，当场献给将军，并指给他看，原来那是一张拉弟埃3岁时与印度人民崇敬的伟人甘地的合照，那是他随父母离开印度回欧洲途中，有幸与"印度国父"圣雄甘地同乘一条船而留下的纪念。拉尔少将没有拒绝拉弟埃，因为这是他第一次见到带着圣雄甘地的照片前来销售飞机的人。

一张发黄的照片，敲定了一单150架飞机的生意。

"小事成就大事，细节成就完美。"许许多多的成功也许就是由于一张旧照片、一个体贴入微的关怀之类不起眼的细节引发的。

爱的空间

◇ 廖文胜

爱一个人，首先应该是相信一个人。没有信任，就没有爱的前提，也没有爱的基础。信任的背后，就是要给人留有空间。

在美国的学校里，我行走在其间的过道中，常常会发现，在一些空间的角落里，会有一个大人在帮助一个学生。当第一次看到这样的情景时，我有些诧异，便去询问，结果发现是一个家长在帮助一个孩子阅读。

我跟他攀谈起来。家长告诉我，他是一名医生，是来帮助学生提高阅读能力的。后来，我从学校了解到，每学期初，学校都会将需要的家长义工名额包括他们要做的工作，写在一张纸上，让家长自愿报名来参加义工。这真的是一种很有创意的方式，让家长参与进来，就能够实现知彼知己，就能够使家长理解到一个老师要去帮助二三十个学生，在中国甚至是四五十个孩子，是多么不容易，同时也能够在家长中发现老师不具备的资源。

在台湾，我也看到了同样的情形：学校的春游，一两个老师带一个班很辛苦，台湾的学校就会招募那个班的家长来做义工。老师、家长加起来十几个大人来带几十个孩子，这样负担就轻了。家长得到这样的义工机会既开心又觉得很受尊重，也是一种荣誉，同时孩子也能得到很好的照顾。

留给空间，既留给了家长空间，也留给了老师空间，同时也留给了孩子更大的空间。家长、孩子、老师都会觉得这个团队越来越温馨。

在美国的学校，我还看到了在他们的杂志和影视宣传单上，登有家长的广告。有的是送给孩子的几句祝福的语言，当然刊登广告是要收取费用的，而收取费用是为了把杂志、宣传单印制得更加美丽。

我们中国的学校是否给家长留有了空间？是否有有效的通道让家长参与？

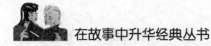

是否能够获取更真实更直接的信息？同时我们的家长有这样的参与意识么？

在学校，我们把家长仅仅当作是送孩子来求学的，还是把家长当作老师的伙伴、教育的伙伴？这点很重要。往往学校与家长之间的矛盾、分歧，其实在很大程度上是家长和教育观念的分歧，为了消除这样的分歧，只有让他们参与进来，走进孩子的学校生活，才能在共爱孩子的空间中达成共识。

在巴蜀小学，凡是能看到家长是我们老师的伙伴是教育的资源的班级，这个班就有很强的凝聚力，从而有很好的教育效果，大家的心就会紧紧贴在一起，因为老师与家长的心都是一样的。为了孩子，这两颗心是很容易连在一起的。

把我们教育的房门打开，新鲜的空气会让人舒坦自如。

一束油菜花

◇ 申美艳

清晨，我一踏进办公室就闻到了迷人的花香，办公桌上的一束束鲜花格外耀眼。我的桌上也静静地躺着几枝艳丽的康乃馨，还有一些精美的贺卡。是学生的祝福提醒了我：原来今天是"三八"妇女节！几个包装高档的礼品盒引起了我的注意，这得花去学生多少钱呢？想到现在的学生出手这么大方，我的心里不由得涌起了一种莫名的担忧。

下午，我带着沉重的心情，走进了教室。活跃的班级立刻安静下来，学生不知道我今天为什么会不高兴。看着他们一个个睁大好奇的眼睛，我讲起了3年前那个真实的故事。

那时，我在黄埔区的一所私立学校任少先队大队总辅导员。学生大都是外来打工者的孩子，父母有种菜的、有做苦力的、有捡垃圾的……生活过得十分艰苦。对于"三八"妇女节，自然是十分的平淡，我丝毫感受不到节日的气氛。一大早，我照常在校门口迎接学生，他们一个个陆续进校向我问好。

"申老师，祝您节日快乐！"

一声稚嫩的童音传来，我转过身，一股夹杂着泥土气息的芬芳扑鼻而来，眼前一大束金灿灿还沾着晨露的油菜花，在太阳底下煞是娇艳。

"是……送给我的？"我欣喜地问道，并努力地在脑海中搜寻着小女孩是哪个班的。

"老师！这是我从自家菜地里摘来的，只是我把它弄得还不是很漂亮，请老师收下。"从那颤抖的声音中，我想起来了，她不就是三年级的孙丽丽吗？上个学期她妈妈患了重病，无钱医治，是我在全校发起倡议，老师和同学都为她捐款，她妈妈才脱离了危险。在病魔的席卷下，她家里已经一贫如洗，最珍贵的也许只剩那片菜地了。想到这，我立刻蹲下身来，接过了花。一根略显陈旧的丝带，系成一只蝴蝶的模样，缠在油菜花上，在微风的吹拂下格外迷人……多有心的孩子啊！一丝暖暖的感动在我的心底蔓延，泪水顿时模糊了我的视线……

说到这里，我哽咽了，台下的学生都被我的故事感动了，我接着动情地说道："同学们，我知道，你们理解了老师在放学途中的一声声叮咛，也感受到了考试之后老师对你们的一次次鼓励。在这个节日里，你们想以自己的方式表达对老师的爱，老师很感动，但对于老师而言，除了鲜花、贺卡，值得我高兴和感动的还有很多很多……那束普通的油菜花，也许对别人而言，它一文不值，可在老师心底却珍贵无比。它，就是老师眼中最朴实的美！就是老师心中最难忘的感动啊！"教室里响起了学生的掌声，从掌声里，我知道他们一定懂了我的那束油菜花。

第二天，我的办公桌上多了几张学生自制的贺卡，还有全班同学联名的书信，信中写道：

老师：在您的故事里，我们似乎又长大了许多，明白了真正意义上的爱，相信在以后的日子里，我们五（二）班的全体同学，一定会让您同样拥有那份感动的！

祝老师：

"申"体健康！

"美"丽如花！

"艳"丽得像广州的烟花一样绚烂多彩！

好家伙，居然把我的名字给编进去了。没有一个学生是爱的绝缘体，只要有真诚就可以换来学生的爱。在为学生打开一扇扇窗户之时，我们还需要为他们擦去窗台上的少许尘埃，把他们引进一个纯净的世界。我想，这是每个教师都应尽的责任。

现在，正是春天，又到了油菜花盛开的季节了，透过这些稚嫩的字体，我仿佛看见了一大片一大片的油菜花灿烂了整个原野……

真美！

温暖一生的棉鞋

◇ 马国福

我中学时有个同学，家里很穷，交学费时是他心里最难受的时候。他是班上交学费最晚的一个，且不足百元的学费大部分都是借的。寒冷的冬季，班上三十多个同学都穿着棉鞋，只有他一个人穿着单鞋。由于家庭困难，他的一双单布鞋穿了整整3年，并且鞋尖破了洞，连大脚趾头都露出来了。整个冬天他的手脚冻得发肿，像茄子一样。这让他一直很自卑，心里总是渴望有一双属于自己的棉鞋。

初三那年冬天的学费，他家仍然是借的。有一天中午，他脱掉破了洞的单鞋，在教室门外晒太阳，正在挠肿得发痒的脚趾头时被班主任发现了。班主任悄悄把他叫到办公室，告诉他由于自己工作失误这次多收了他30元学费，并要把多收的钱退给他。老师拿起他破了洞的鞋在地上磕了磕说："再厚再好的鞋也有破了的时候，再长的路也有被脚走完的时候。你家困难并不是你的过错，这反而是你勤奋学习的资本和动力。只要你好好学习，你家迟早会好起来的。"

后来，老师让他用这30元钱买一双棉鞋，不要有什么想法和顾虑。班主任老师再三叮嘱他，为了维护老师的面子请他不要告诉任何同学，一定替老师保守这个秘密，他郑重应诺。

为人老实敦厚的他回家后告诉母亲说老师退了30元学费，他母亲高兴地跑到邻居家问是否给他们的孩子也退了学费，邻居都说没有这回事。邻居们认为班主任老师欺骗了他们，赶到学校质问校长并添油加醋地汇报这位班主任老师多收费、不公平，而有的学生收得多，有的学生收得少。学校调查后发现：他们的班主任不但没有多收任何学生一分钱，反而给一个同学补交了部分学费。

最后他用老师退的钱买了一双棉鞋，穿上棉鞋后他脚上的冻疮也好了。老师并没有因为他违反了彼此的约定而责怪他一个字。

后来他考上了大学，毕业后到深圳的一家外资公司工作。

有一年春节他回家探亲，我和他聊起各自艰辛的求学之路。他语重心长地说："幼稚的我那时根本想不到老师退学费的真正用意，现在才终于明白了老师的良苦用心，她不是在给我退学费，而是在用她慈母般的心，小心地捍卫我的自尊，勉励我不向贫穷低头啊！尽管那双鞋我只穿了几年，尽管现在我穿着价格不菲的名牌皮鞋，但总感觉没有那双棉鞋温暖。"

最后他说："老师其实不是在给我买棉鞋，而是在给我指引一条不断向上进取的路啊。在我事业陷入困境的时候，我就会想起那个寒冬的中午，想起那双棉鞋，那双鞋必将温暖我一生。其实一双鞋可以改变一个人的命运。现在每逢节假日我都会给老师送去问候和礼物。老师对学费的事只字不提，她总是重复那句话——再厚再好的鞋也有破了的时候，再长的路也有被脚走完的时候。"

听着他的讲述，我的眼眶不由得热了起来。

老师是一只蛙

◇ **胡明根**

那是个阳光灿烂的日子，同往常一样，我们又该学习新课了，不同的是有许多老师来听课。

学习的课文是《坐井观天》。以前，每学完这篇课文，我都要让学生根据课文内容展开想象，以《青蛙跳出井口了》为题进行说话和写作训练，培养学生的思维。今天我将又一次让同学们想象青蛙要是跳出井口了，将会怎样呢？

李梦说，青蛙跳出井口后，看到了无边无际的大海，海涛声吓得它连忙向小鸟求救。王婉佳说，青蛙看到了高高的山峰和一眼望不到边的田野，田野里开满了五颜六色的花儿，上面飞舞着蝴蝶和蜜蜂，青蛙陶醉了，它觉得以前的日子都白过了。孙艳同学竟然让青蛙坐上了飞机，环球旅行，青蛙一下飞机就感慨："不看不知道，世界真好啊！"听课老师都被她的话逗乐了，我也没想到她会把正大综艺的广告词"不看不知道，世界真奇妙"改用得这么恰当。

张雨是我班新来的学生，我看他把手举得高高的，便点了他的名。他站起来说："青蛙从井里跳出来，它到外面看了看，觉得还是井里好，它又跳回了井里。"同学们听了哄堂大笑，我也笑了。我打断了他的话，问大家："是井里好，还是井外好？"我示意张雨坐下，随口说到："我看你是一只青蛙，坐井观天。"之后，我又让大家把自己想的和说的写出来。

在批阅同学们交上来的作业时，我看到张雨续写的故事：青蛙跳出井口，它来到一条小河边，它累了想去喝口水，突然，它听到一声大吼："不要喝，水里有毒！"果然，水上漂着不少死鱼。它抬头一看，原来不远处有一只老青蛙在对它说话。它刚要说声谢谢，就听到一声惨叫，一柄钢叉刺穿了那只老青蛙的身子，那只老青蛙正在痛苦地挣扎。青蛙看呆了，这外面的世界太可怕了，它急忙往回赶，又跳到了井里，还是井里好，井里安全啊！

我的心被震撼了。河水里常漂有死鱼，菜市上也常有卖青蛙的，这都是有目共睹的，让青蛙跳回井里又有什么不好呢？可我却没有给他一个发表自己观点的机会，竟然说他是一只坐井观天的青蛙。孩子的心灵就像井外那多彩的世界，需要跳出来的恰是自以为是的我！

收起笑，我在张雨作业的空格里工工整整地写下一句话："对不起，老师是一只青蛙。"

手机在上课时响了

◇ **魏雪晴**

一天，我正陶醉在"荷塘月色"柔美、静谧的景致中，一阵清脆的手机铃声突然响起，打破了教室的宁静。这铃声，恰如一个莽撞的顽童，在你正心旷神怡地欣赏着湖光山色时，冷不丁地从斜刺里冲出来，撞痛了你的身体，惊悸了你的心。

"对不起，我的手机响了。"我边说边打开皮包，狠狠地摁下了手机的关机按钮，心里尴尬极了。脑子里第一反应就是：学生该如何看待这件事呢？因为我有一条纪律：课堂上，凡是学生的手机响了，不管是什么原因，一律上交班主任保管一周。但我怎么也没有想到，我的手机今天也让我出了洋相——要知道，作为一个不爱用手机的人，我的手机经常是处于关机状态的。

"把手机收了！"几个不懂事的学生恶作剧地叫嚷起来。我想，肯定是被我收缴过手机的学生，今天他们终于逮住报仇雪恨的机会了。

"行，但手机交给谁呢？"我强作欢颜地问学生。

"交给我，交给我，我来替您保管！"几个好事的学生嬉闹起来，教室里显得有些嘈杂。我脑子里有些混乱，好在反应比较快："手机交给谁呢？交给班长吗？好像也很不现实。这样吧，同学们，纪律面前人人平等，老师严格要求你们，你们同样也在严格要求老师，这很好。对于我的处罚，下来后大家可以与班长商议一下。现在，我们还是继续上课。"

课堂安静下来，我也继续领着学生随着朱自清先生的足迹漫游荷塘。但此时的心情，真是五味陈杂，颇有点"淡淡的喜悦，淡淡的忧愁"。

抬起头来，扫视了一下教室，视线鬼使神差地落在了一位学生的课桌上。一封信正安详地静卧在学生摞起的书堆上。电光火石般，我一下想起了另一封信——高 99 级一位学生几年前写给我的，那几行熟悉的内容立刻浮现在我的脑海里："魏老师，作为女教师，您比较硬性。但有一次，我也发现了您温柔的一面。那次上课，你一不小心讲错了一个问题，全班同学哄堂大笑，我发现您的脸上飞起了两朵红云，当时，我觉得你美极了。"这封信，我一直保存着。这几行内容，我也烂熟于心。仿佛，冥冥之中，这封信就是为了救赎我的今天。

下课铃声响起之前，我平静地对全体学生说："今天，由于我的疏忽，导致课堂'机'叫，影响了课堂秩序，我甘愿受罚。对你们，不能进行经济制裁，但对我，可以。这样吧，我自罚十元钱，充作班费。"

"不，老师，没有关系，老师，我们不会怪您。""老师，别对自己那么残忍，您对自己残忍，就是对我们残忍！"教室里劝阻声此起彼伏。"不行。"我大声地说，"今天，我不自罚，明天，我就不可能在你们面前挺直了腰杆说话。"

悦耳的下课铃声适时响起。我揣着一份轻松的心情，迈着轻盈的步伐，走出了教室。身后，是一群叽叽喳喳的"麻雀"。外面，冬日的阳光，明媚而温暖。

下午，我收到了一条短信："老师，虽然您平时不多言，虽然您有时比较严肃，但您很公正，而且敢于自责，您为我们班付出的一切，让我们敬佩。"

手机事件——由于疏忽而酿成的错误，没想到竟再度让我如此美丽！

那一整天，我始终沉浸在一种愉悦之中，不仅仅是因为学生对我的肯定，更多的是我从中领悟到了教育的真谛。教师，不是神。知错就改，丝毫不损教师尊严，而且一个敢于对自己的错误真诚追悔的老师，也定将成为学生人生道路中一枚鲜红的路标，引导学生一步步走向卓越。

三只蜡烛

◇ **谢建军**

乡村学生的淳朴就像学校门口那光溜溜的石头，憨厚而光亮。

那是一个停电的夜晚，轰隆隆的雷声在耳畔炸开，仿佛是夜的巨人撕开长夜的幕幔一般。接着就是雨，暴雨如注，雨点噼里啪啦地打在玻璃窗上，打出一阵阵无节奏的恐慌。有电时人可以做的事太多，没有时间整理思绪，因此，停电的夜晚，思维反而特别清澈，可以想许多有电时想不出的东西。在对现实的思考中，我陷入了一滩沼泽地，无法自拔。莫名的孤独和恐惧一下子攫住了我，滋生着、蔓延着、令人窒息。

"没有晚自习，还是洗洗睡吧！"我自言自语。

一阵忙活儿之后，躺在床上，长出了一口气，我感到了久违的安全感，紧闭双眼正准备进入梦乡。这时，"咚咚咚"的敲门声不识时务地响起。"这时候，谁还来敲门呢？"我琢磨着，屏住呼吸，生怕弄出了一丝声响，让门外的人知道屋里有人。

"咚咚咚"的敲门声越来越大，越来越肆无忌惮。我担心校长找我有事，只好应了一声。等穿好衣服，拿着电筒打开门才发现敲门的是我班的一个学生！我有点儿不耐烦，努力地掩饰着心中的不快，问："你这时候找我有什么事？"

他似乎感到了我的不快，轻轻地说："谢老师，我不知道您睡了，要不然，我就不来了！"

"哦，没有关系，你找我到底有什么事？"

他抬起头，借着电筒的余光，我看到了一张圆圆的脸。

"老师，您有蜡烛吗？"

　　我想又是一个来借蜡烛的孩子。每次停电时，总有一些孩子，平时花光了零花钱，停电没钱买蜡烛，于是就找老师借。借也无所谓，但许多老师说他们借了却不知道还。所以，一些老师还相互提醒：不要随便借给他们蜡烛！

　　"没有！"我坚决地说："你看，我自己都没有点蜡烛，早早地就睡了。怎么了？钱用完了，没钱买蜡烛了？"

　　"谢老师，不是！我是来看您有没有蜡烛！"圆圆的脸很焦急。

　　"我有没有蜡烛与你也没有什么关系。我没有，老师不会骗你，不过老师要提醒你：别早早地就把零用钱花光，停电时就没有钱买蜡烛了！"说实话，我已经开始反感这赖着不走的学生了。

　　"老师，您听我说！"圆圆的脸近乎哀求，我只好稳定了情绪，不情愿地让他说。

　　他像变戏法一样从背后拿出了3根蜡烛，说："老师，停电了，我怕您没有蜡烛，所以就给您送来了3根。如果不够，我还可以找其他同学借！"

　　我的心猛地一颤，脑子空白了几秒钟，那孩子笑了一下就转头跑开了。

　　我后悔，自己曾经教导学生人与人之间应该以诚相待，以信相交，多些诚意，少些猜疑。而我自己却"以小人之心度君子之腹"。学生的一番好意被我肆意践踏，讲话的口气那么强势，根本没注意到别人的感受。

　　我点燃那3根蜡烛，躺在床上，看着跳动的火焰，怎么也睡不着。我的那些孩子们现在怎么样了呢？

　　"轰隆隆——"沉闷的响雷炸裂在天际，光亮顿时照亮我的心。我掀开被子，爬了起来，从抽屉里拿出钱，向商店跑去。我决定买一些蜡烛放在寝室，等候那些停电时没钱买蜡烛的孩子。

一篮鸡蛋的故事

◇ **胡明宝**

我在那所闭塞的山村小学教书的时候，常常被山里尊师重教的民风感动。虽然那时自己只是一名刚刚从师范学校毕业的学生，但从山里人憨厚的脸上和满是敬意的笑容里，我还是读懂了自己的价值和肩上的责任。由于自己教学方法灵活，又能和学生打成一片，孩子们都很喜欢我，而且这种喜欢像青草一样绿到了他们父母的心里。于是，常常会在某一个炎热的午后或者清冷的早晨，几枚通红着脸的西红柿或者正在全身心思考一样的一笸箩核桃会赫然出现在自己的宿舍门口，它们像山里人的眼睛，小心翼翼又满是真诚。

一个周末的午后，我借了一把镰刀打算帮村里的一位老教师收秋。在山路上走了不久，突然就听到有人喊"老师"。我的目光四处搜寻了一番，透过路边一丛丛凌乱而旺盛的花椒树，终于看到那边高粱地里一个汉子的笑脸。我停下来，隔着花椒树围成的篱笆，认出他是班上学生王沙的父亲。王沙性格倔强，而且内向，学习成绩往好里说也就中等。我们便隔着花椒树说话。像是积蓄了好些力量，王沙的父亲小心地对我说："老师，我们王沙经常回来夸您呢，这孩子自从他娘没了后，整天不说话。可自打您当了他的班主任，他变了不少，昨天还给我讲笑话听哪。哎，山里人也没啥好回报的，前天晚上我让王沙给您送去了一篮子山鸡蛋……"我听着听着就莫名其妙了，王沙？前天晚上？鸡蛋？没有啊！难道王沙这孩子对他爹撒谎?!我真想大声告诉对面这位一脸沧桑的汉子：没有，我从没有见过什么鸡蛋啊，一个也没有！可是，我怎能抚逆一颗热情的心，一个因自己孩子的变化而喜不自胜的父亲呢？

终于，我掩下内心的酸涩笑着说："您太客气了，那鸡蛋我收到了，过两天我会把鸡蛋钱让王沙捎给您，王沙近来的确进步不少了呢。"王沙的父亲慌乱地说:"老师,我不是那意思,不是那意思,几个鸡蛋怪寒碜的,老师不见怪俺就满足啦……"

王沙父亲的眼光开始越过我,叫起来:"沙沙,你老师在这儿呢,快给老师些水喝。"我这才看见了王沙清瘦的面孔。王沙是回家给父亲带水的,他一只手提着一个暖瓶,另一只手拿着一个茶缸,没有说话,一脸尴尬地看看我,然后,低下头去。显然,他听到了什么。

周一上午上课的时候,王沙没有来,托人递给我一张请假条。上面说:"老师,您若是对我爹说了实话,我非被爹揍死不可,我爹性格暴躁得狠呢。那篮鸡蛋我擅自卖了,买了字典和文具盒。您说给我爹鸡蛋钱,我很不安,觉得太对不起您了,今天上午,我去帮窑厂运砖了,放心,挣够鸡蛋钱我立刻回来上课。谢谢老师'挽救'了我,我会成为一个好学生的。"

攥着请假条,我额头上的汗不知不觉就出来了。一个暴躁的父亲,一个内心执拗的孩子,若是当初……或许事情真闹到不可思议呢。其实,在老师眼里没有什么比一个学生的进步更重要、更让人欣慰的了。我从心底原谅了王沙,暗暗为他的成长加油。

现在,王沙早已大学毕业,留在了大都市。他给我的信里有这样一句话:"不是所有的谎言都有害,谢谢老师那次没有实话实说。"

乒乓事件

◇ 晓　玲

　　如果不参与留守儿童课题研究，如果不开展这次"鸿雁传亲情"活动，我是不会注意到这个各方面都平平常常的小女孩的。这个长相平凡、心思细腻、情感丰富的女孩叫张小娅，她6岁时母亲就生病去世了，如今和爷爷奶奶、继母一起生活，性格孤僻胆小。

　　周五放学，我照例打开留守儿童悄悄话信箱，其中一封信让我大吃一惊："老师，我觉得自己是家里多余的一个人，爷爷奶奶不喜欢我，总把好吃的好玩的给弟弟，还经常给弟弟买新衣服，就因为我是女孩！妈妈也不喜欢我，甚至还打骂我，因为我不是她亲生的！我觉得上天不公平，静静的深夜，我只能躲在被窝里哭，有时甚至想到了死……"一看就是小娅的字迹，这是一颗多么敏感脆弱的心，对她我除了深深的同情与对我信任的深深感动外，更多的是感觉肩上的担子沉甸甸的！

　　一天中午，我正批改作业，一大群孩子风风火火地闯进办公室，"老师，不好了，小娅把李强的头砸个洞，血流不止！"我来不及细问，连忙和学生一起奔向出事地点，当我拨开围观的同学，看见李强捂着额头，鲜血浸湿了周围的头发，顺着脸颊流了下来，小娅则低着头。我什么也没说，赶忙把李强带到卫生院，洗伤口、做皮试、打针、包扎……在我忙进忙出地挂号、取药时，总感觉背后有一双眼睛在悄悄地注视我。同来的学生告诉我："张小娅来了，藏在医院的巷道里。"我没理会。在确定李强没什么大碍后，我终于松了口气，把他送回了家。

　　天色渐暗，有人轻轻敲门，是小娅！她始终低着头，双手不停的卷着衣角儿。良久，她才带着哭腔说："老师，对不起！我错了！"

我把她拉进屋，坐在桌旁："说说看，哪里错了？"

"我不该给你添麻烦！"

"仅仅是这个吗？"

"我不该用乒乓板砸人！"

"那你当时怎样想的？"

"我在打乒乓，他来捣乱。"

"当时你考虑后果了吗？如果砸到眼睛怎么办？"

"没有想。其实我也想管住自己的，但我控制不了自己，我以为他会向爷爷砸我时闪得那样快。"

"你爷爷经常这样打你吗？"

"是的！每当我做错事或不听话时，他就随手抓起一样东西扔过来，习惯了，我总能提前躲开。"

她似乎有些得意，而我却陷入了深深的思索，终于找到问题的所在了！如果家庭教育方式主要采用的是高压暴力，怎么会不影响孩子呢？看来小娅的心理健康受到了严峻的挑战。"虽然李强有错在先，但你也不应该砸他，只能说服或求助别人。记住，动手是解决不了问题的。""嗯！"她终于长长的叹了一口气。

小娅爷爷来接她时，气急败坏地举起拳头又要打她，我及时地拦住了，并且结合上次的信件和他交流了"重男轻女"、如何处理继母关系和家庭教育方面的问题，我不知道她爷爷到底听进了多少，只是走时他连连道谢。然而在第三天的留守儿童信箱中我收到了小娅的信件："……爷爷奶奶好像变了一个人，还给我买了新衣服，后妈也会起来给我盖被子……"

也许好的环境好的心情也会带来好的收获吧！期末考试，小娅前进了11名。但她仍然是留守儿童中问题学生的典型，身上还有好多坏习惯等着我帮她改掉，我将一如既往，用爱去滋润她心灵的沙漠。

两只小乌鸦

◇ 李光荣　赵智鹰

教室里，学生们都伏在桌上认真地演算着。突然，靠墙角的一个座位中传来几声鸟叫，打破了教室里的宁静。

我顺着鸟叫声望去，刘壮神色慌张，双手放在抽屉里。我走到他的身边，只见他紧握小鸟的两只手不停地颤抖着！天气虽然有点凉，但他的额头上却渗着细细的汗珠。一秒钟、两秒钟……刘壮望着我，学生们也都望着我，这两只小鸟的命运等待着我的裁决……

"我可没有宣判小鸟的死刑啊！"我打趣地说道。

"哈哈……"同学们大笑，他赶紧松开了手，教室里的气氛顿时松弛下来。

我凑到刘壮耳边轻轻地说："赶快将这两只小鸟送到陈老师办公室去，让陈老师帮你照管一下。"我想把"皮球"踢走，让课堂恢复平静。

他怀揣两只小鸟飞似地跑出了教室。我想班主任陈老师一定会处理得很圆满。

可不到一分钟，刘壮又一手抓着一只小鸟回来了："老师，陈老师不在办公室！"踢出去的"皮球"又被弹回来了，满头大汗的刘壮站在门口不知所措。

看来，这节课注定是无法"完美"了，我不禁微微一笑。

"同学们，现在这两只小鸟怎么办呢？"我问。

"把它们放了！"

"我们喂东西给它们吃！"

"把它们送给我养吧！"

"放了它们？鸟的羽毛都没长齐，现在外面又下着很大的雨，它们的妈妈又不在他们的身边，肯定会死的！"

"那怎么办呢？总不可能每节课都让它们在课堂上叫个不停吧。"

"……"

大家讨论完了之后便是长久的沉默。

"这两只鸟是谁抓来的？它们的窝在哪里？"我挑开话题，问刘壮。

"我不知道，是欧阳湘给我的。"刘壮充满了委屈。

"是李正给我的，我也不知道窝在哪。"欧阳湘接下了话茬。

大家的目光又集中到了李正身上。这个灰头土脸的小家伙红着脸站了起来，指着教学楼侧边的一片树林说："我从那里捉的，鸟窝被我捅了……"

"什么？你捅了鸟窝？多么可怜的小鸟啊！"

学生们开始议论，大家纷纷开始责备李正，最后归结为一点：这两只小鸟好可怜！

我把这两只软绵绵的小家伙捧在手里，打量着它们：这是两只小乌鸦，羽毛还没长齐，小嘴都还软软的，总是不停地张开嘴要东西吃。

"我们大家别再责怪李正了，好吗？他已经知错了。现在最重要的是商量怎样救救这两只可怜的小鸟！"我说。

怎么办呢？教室里又一次陷入了沉默。

李正开口了："老师，由我来照顾它们吧……"

"不行不行！"他的话立刻遭到大多数同学的反对："它们这么小，你肯定会把它们喂死！"

"……"

"老师，我有办法啦！我家屋后有一个鸟窝，我把它们放进去。"最后，还是欧阳湘想出了办法。

他的主意得到了大家的赞同，我应允了，他小心翼翼地将小鸟捧了下去，像捧着两个易碎的玻璃制品。

我继续讲课。小鸟啾啾的叫声传来，像一首温馨的歌，那么悦耳，那么动听。

老师叫"唐老鸭"

◇ 陈荣锋

　　这学期我们班来了一位新的数学老师——唐老师，他既严厉又严肃，同学们都不太喜欢他，于是大家背地里都叫他"唐老鸭"。唐老师还有个很奇怪的习惯，他老是把左手揣在裤袋里，不管寒冬还是酷夏都如此。刚开始我只是觉得他在装酷，可是不论他做什么事都只用右手，引起了我极大的兴趣。这就使我一抓住机会就要探个究竟。

　　有一天刚上数学课，唐老师很认真地说："由于我平时对大家很严厉，有很多同学都对我不满，这个我知道的。我不要求每个同学都喜欢我，可是我希望大家能够尊重我，以后不要再叫我什么'唐老鸭'了。"

　　"老师，我们也不想那样叫你的，可是你真的跟唐老鸭一样可爱呀，大家说是不是？"一向调皮的我当然不会放过这个机会。

　　"是啊。"大多数同学应和着我。

　　"这样吧，老师，为了民主，我们大家举手表决，你也要参加。如果大家觉得不该叫你'唐老鸭'的请举左手，觉得应该叫的请举右手。"我心里想着，这次我就不信你不举左手。

　　大家都同意了，可是我看到唐老师低着头很为难的样子。

　　"请大家举手吧！"我话音刚落，大家都纷纷举起手来。而我没有去看同学们谁举的左手，谁举的右手。

　　我完全的注意都投向唐老师。只见他一脸的为难和尴尬，既没有举左手也没有举右手。

　　"老师，你快举左手呀。"班长王婷把左手举得很高，着急地叫道。

　　愣了好一会儿，唐老师很无奈地说道："我只是希望大家能自觉，如果你

195

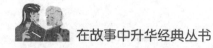
们喜欢，就随便吧。"

"老师弃权，大家可以随便叫哈！"我大声宣布。同学们又一阵起哄。为大家争得了公开叫老师绰号的权利，这虽然使我很得意，可是这并不是我想要的结果，我更想知道老师左手的秘密。

老师为什么会作这样的决定呢？宁愿同学们叫他绰号，也不愿伸出自己的左手。老师出乎意料的举动让我对他的左手更加好奇，一只左手到底有着什么秘密和故事呢？

那天我终于知道了。

一天，上数学课前唐老师拿着书、卷子和水杯进了教室，准备上课。他正在讲台上忙着翻卷子看，突然我不小心撞到了他的水杯，唐老师迅速地从裤袋里抽出左手来挡着，滚热的开水洒在了他的左手上，红了一大片。他不顾自己手疼，还不停地问我有没有被烫伤。顿时，我和在教室的同学都被唐老师的左手惊呆了，原来他的左手只有四根手指头，没有食指。

那天上课，唐老师说出了他左手的故事。原来，那个食指是被他自己狠心切掉的。

唐老师说他以前特别喜欢打麻将，每次打麻将都会忘了时间和重要的事，这使得他妻子很生气。他向妻子保证很多次都没有做到，妻子伤心失望之下就向他提出了离婚。他也觉得自己很过分，太不讲信用，很对不起妻子。就在和妻子离婚签字的那个早上，他再次向妻子认错和保证，可是这次他毅然切下了自己的食指，让自己以后再也打不了麻将。

一个食指保住了他的婚姻，可是这给他的工作和生活带来了很大的不便。为了不让别人嘲笑和另眼看他，他就把左手隐藏着，装在自己的裤袋里。

现在我终于明白唐老师为什么以前对我们很严厉，也终于明白唐老师为什么以前老是跟同学们强调要讲信用，原来他是用心良苦呀！

听完故事，同学们都流下了感动的泪水，泪水里有尊重、有敬佩、还有惭愧。从那以后我们再也没有叫过他"唐老鸭"！